Elisabeth Gatt-Iro | Stefan Gatt

Unverschämt glücklich

Elisabeth Gatt-Iro | Stefan Gatt

Unverschämt
glücklich

Wie ich und unsere Liebe in der Beziehung erblühen

GOLDEGG VERLAG

Bildrechte Autorenfoto: Ulli Engleder
Bildrechte Umschlag: guy – fotolia.com

Der Verlag und seine Autoren sind für Reaktionen, Hinweise oder Meinungen dankbar. Bitte wenden Sie sich diesbezüglich an verlag@goldegg-verlag.com.

Der Goldegg Verlag achtet bei seinen Büchern und Magazinen auf nachhaltiges Produzieren. Goldegg Bücher sind umweltfreundlich produziert und orientieren sich in Materialien, Herstellungsorten, Arbeitsbedingungen und Produktionsformen an den Bedürfnissen von Gesellschaft und Umwelt.

ISBN: 978-3-99060-054-2

ISBN Hardcover Ausgabe: 978-3-902991-77-5
ISBN E-Book: 978-3-902991-78-2

© 2017 Goldegg Verlag GmbH
Friedrichstraße 191 • D-10117 Berlin
Telefon: +49 800 505 43 76-0

Goldegg Verlag GmbH, Österreich
Mommsengasse 4/2 • A-1040 Wien
Telefon: +43 1 505 43 76-0

E-Mail: office@goldegg-verlag.com
www.goldegg-verlag.com

Layout, Satz und Herstellung: Goldegg Verlag GmbH, Wien
Druck und Bindung: EuroPb, CZ

Für alle Paare, die wir bis jetzt bei ihrem Erblühen unterstützen durften, und für alle Leserinnen und Leser, die auf dieser Abenteuerreise der Liebe und Sinnlichkeit unterwegs sind. Möget Ihr alle aus vollem Herzen leben und unverschämt glücklich sein!

Vorwort

Herzlich willkommen zu dieser Abenteuerreise in einen Liebesfrühling inmitten Ihres Beziehungsalltags!

Folgen Sie uns in eine Realität, in der Sie anhaltende Liebe, tiefe Herzensverbindung und lebendige, lustvolle Sexualität gemeinsam erleben können – auch und gerade, wenn in Ihrer Partnerschaft die Zeit der unbeschwerten Verliebtheit schon einige Zeit vorbei ist. Denn genau darum geht es in unserem Buch: um die pure Lust an der Liebe.

Wir freuen uns, Sie ein Stück begleiten zu dürfen. Im Reisegepäck benötigen Sie eine gute Portion Veränderungswillen, Mut, Zuversicht und auch Ausdauer.

Wenn Sie bereit sind, alles das loszulassen, was Sie über langjährige Beziehungen zu wissen glauben, dann halten Sie genau das richtige Buch in Ihren Händen. Denn wir möchten Sie mit unseren Erkenntnissen aus der Arbeit mit Paaren, unseren Erfahrungen aus unserer eigenen Beziehung und vor allem mit unserer Lebensfreude anstecken. Kurz, wir möchten auch Sie unverschämt glücklich sehen.

Wir selbst sind diesen Weg gegangen und nach wie vor auf dieser Abenteuerreise unterwegs. Manches Mal stand auch unser Beziehungsglück an der Kippe. Glücklicherweise liegt es aber nicht in unserer Natur, aufzugeben. Wir folgten unserem tiefen Wunsch, einander nahe zu sein. Wir wollten uns gesehen, verstanden und geliebt fühlen. Wir wollten *mit*einander leben.

So haben wir uns damit auseinandergesetzt, wie wir trotz unserer Konflikte und Frustrationen immer wieder miteinander in Verbindung kommen und bleiben können, um den Zauber des Anfangs im Alltag nicht zu verlieren bzw. immer wieder zu finden.

Wir erwarben theoretisches und praktisches Wissen in verschiedenen Aus- und Fortbildungen, um die auftauchenden und immer wiederkehrenden Konflikte und Herausforderungen sowohl jeder für sich als auch gemeinsam konstruktiv zu lösen. Wir bemühten uns darum, unsere Herzensverbindung erstarken zu lassen. Zusätzlich übertrugen wir die entdeckten Prinzipien der Bewusstwerdung, Achtsamkeit, Präsenz und der Wertschätzung auf unsere körperliche Liebe, um auch auf dieser Ebene wieder liebevolle und innige Verbindung zu erleben. Wir erforschten und überwanden Ängste und Scham. Immer deutlicher wurde uns die Wechselwirkung zwischen Selbstliebe, Herzensverbindung und körperlicher Liebe zwischen Mann und Frau bewusst.

Unsere langjährige Beratungs- und therapeutische Arbeit mit Paaren bestätigte schnell, dass auch die Probleme anderer Liebender nicht rein auf der Herzensebene oder der sexuellen Ebene begründet sind und nicht allein dort gelöst werden können.

Daher widmen wir einen wichtigen Teil unseres Buches der Beschreibung und Auflösung jener Beziehungsmechanismen, die so vielen Paaren mit der Zeit das Miteinander im alltäglichen Leben beschweren und Offenheit und Liebe oft sogar erdrücken.

Die grundlegenden Erkenntnisse dieses Buches gelten natürlich auch für gleichgeschlechtliche Paare, auch wenn wir uns – unserer eigenen Erfahrung folgend – darin mit unseren Beispielen und Übungen vor allem auf die Liebesreise zwischen Mann und Frau beziehen.

Wir unterstützen Sie mit Beispielen, Übungen und Fragen, die sich in unserer Beziehung und bei unserer Arbeit mit Paaren als sinnvoll und hilfreich erwiesen haben. Zum tieferen Verständnis allgemeingültiger Beziehungsdynamiken, stellen wir Ihnen grundlegende Beziehungskonzepte und mögliche Liebes-Fallstricke vor. Vor allem zeigen wir Ihnen Möglichkeiten auf, wie Sie sich einander und Ihrem Leben im Allgemeinen wieder öffnen können. Wir begleiten Sie, wenn Sie alte Muster hinterfragen und loslassen und stattdessen Wohlbefinden, Liebe, Dankbarkeit und Lebenslust in Ihrem Leben verankern.

Spielen Sie mit unseren Vorschlägen! Erweitern, verändern und erforschen Sie je nachdem, wie es für Ihr Abenteuer am besten passt! Tauchen Sie Kapitel für Kapitel tiefer in Ihr neues Miteinander ein. Folgen Sie Ihrem Beziehungspfad, vertrauen Sie Ihrer Neugierde und erkunden und entwickeln Sie Ihre ganz persönlichen Varianten im Beziehungs- und Liebesspiel. Sie werden erstaunt sein, welche Fülle, Vielfalt, Intensität und Freude in Ihren gemeinsamen Alltag und in Ihr Schlafzimmer einziehen.

Befreien Sie sich von dem Druck, im Beziehungsalltag und im Bett »funktionieren zu müssen«. Stattdessen wollen wir Ihnen bewusst machen, was Liebe und Sexualität alles sein können, wenn es kein »Richtig« oder »Falsch« gibt. Wir möchten Sie weg von eindimensionaler Reizüberflutung, hin zu sensitiver Wahrnehmung im Hier und Jetzt verführen.

Intensiv gelebte Liebe, Verbindung und vor allem lustvolle Sexualität eröffnen Ihnen als unerschöpfliche Kraftquellen den Beziehungshimmel auf Erden. Sie entwickeln mehr Mitgefühl für sich selbst, für Ihre Liebsten und in weiterer Folge auch für andere Menschen. Sie fühlen sich emotional und körperlich gesehen, geliebt und gehalten. So erhalten Sie Zugang zu Ihrer vollen Lebensenergie und Ihrem ganzen Potenzial. Dann können Sie offen und unbeschwert aus vollem Herzen Sie selbst sein und erleben, wie es sich anfühlt, *unverschämt glücklich* zu leben.

Elisabeth Gatt-Iro   *Stefan Gatt*

Inhaltsverzeichnis

Unverschämt glücklich

Wer sich zuversichtlich in die Richtung seiner
Träume bewegt und auszieht, das Leben zu leben,
das er sich immer vorstellt, erreicht Erfolge, die
in gewöhnlichen Stunden unvorstellbar sind.
(HENRY DAVID THOREAU)

Wann waren Sie zuletzt durch gemeinsame Erlebnisse in
Ihrer Beziehung so erfüllt und glücklich, dass Sie mit einem
Lächeln durch den Tag liefen? Wann war Ihr ganzes Leben
leicht, fröhlich und voller Möglichkeiten?

Viele Menschen vermissen in ihrem Leben oder in ihrer
Beziehung diese Qualität ihres Seins schon länger. Das bedeutet jedoch nicht, dass sie darauf auch zukünftig verzichten müssen! Denn Lebensfreude, erfüllte Partnerschaft und
lebendige Sexualität können auch in Ihrem Leben wieder zur
Normalität werden. Gerade wenn Sie bereits in einer längeren Beziehung leben. Gerade wenn der Alltag schon viel von
Ihrer anfänglichen Verliebtheit verbraucht hat. Gerade wenn
Sie sich zu fragen beginnen, ob das schon alles war. Gerade
dann sind Sie bei uns richtig.

Der Weg vom »Ich« zum »Wir«

Natürlich wissen wir, dass der gemeinsame Alltag nach Jahren der Beziehung oft schwierig und ermüdend sein kann. Wie alle Paare kennen wir das Ringen um Anerkennung, Liebe und Wertschätzung. Auch wir erleben immer wieder Situationen, in denen wir genervt reagieren, wenn es zum Beispiel darum geht, pünktlich zu einem gemeinsamen Termin zu kommen. »Können wir jetzt endlich fahren?« »Wenn du mir geholfen hättest, wären wir schon längst weg!« – diese und ähnliche Zwistigkeiten finden auch bei uns zu Hause statt. Auch bei uns gibt es immer wieder Missverständnisse und Konfrontationen. In unserer Beziehung und unserer Arbeit offenbarte sich uns aber eine neue Betrachtungsweise auf frustrierende Beziehungssituationen: Sie sind kostbare Geschenke.

Denn, richtig verstanden, sind Beziehungsprobleme deutliche Anknüpfungspunkte für intensive Beziehungsbegegnung mit großem Potenzial: Wir bekommen jedes Mal die Chance, unsere unverfälschten Gefühle und Gedanken zu spüren, miteinander zu teilen und daran zu wachsen.

Das klingt vielleicht selbstverständlich und einfach, ist es im Beziehungsalltag meist aber nicht. Denn oft können wir unsere Gefühle gar nicht mitteilen, weil wir keine Ahnung haben, was genau wir empfinden und warum wir reagieren, wie wir reagieren. Jeder Streit ist daher zunächst ein Fingerzeig, zu uns selbst zu stehen. Ob laut ausgetragen oder leise unter den Teppich gekehrt, jede Konfrontation an der Oberfläche der Beziehung führt uns zu einer inneren Schatztruhe, die unermessliche Kostbarkeiten für uns bereithält. Darin verstecken wir unsere unbewussten Gefühle – unsere Ängste, Sorgen, Sehnsüchte und Wünsche – vor der Welt und uns selbst. Wenden wir uns diesem Schatz nun in einem ersten Schritt bewusst zu, decken wir unbewusste Muster auf, nach denen wir *funktionieren*, anstatt zu leben. Perle für Perle nehmen wir wahr, was uns antreibt. Goldstück für Goldstück erkennen wir, was wir brauchen. Kostbarkeit für Kostbarkeit bringen wir ans Licht und geben ihr fürsorglich einen Platz in unserer Welt.

Begeben wir uns bewusst auf die innere Schatzsuche im Ich, kann das eigentliche Beziehungsabenteuer im Wir beginnen. Denn stehen Mann und Frau zu ihren Empfindungen, entwickeln sie Wohlwollen für sich selbst und ihre Besonderheiten als unverzichtbare Basis für gegenseitiges Mitgefühl und präsente Wertschätzung. Auf dieser Grundlage können sie ungefährdet ihre Herzen füreinander öffnen und ihre Unterschiedlichkeit wohlmeinend anerkennen. Achtsame, liebevolle Verbundenheit erfüllt das Wir.

Die Liebenden können sich einander zuwenden, unsichtbare Schutzmauern abreißen und ihre Herzensverbindung heilen. Jetzt entsteht Raum für absichtslose Zuneigung und tiefe Liebe, Vertrauen und das Gefühl von Geborgenheit wachsen. Dadurch wird es einfach, sich auch körperlich zu entspannen, einander zu öffnen und zuzuwenden. Nun können die Partner auch auf sexueller Ebene eingefahrenen Mustern, persönlichen Ängsten und Wünschen begegnen, sie anerkennen und auflösen. Sinnliche Erotik und die oft schon gänzlich verloren geglaubte körperliche Anziehung kehren zurück. Sexuelle Energie wird beflügelt von präsenter Hingabe, kann wieder frei fließen und sich in ungeahnte Dimensionen ausdehnen.

Das Abenteuer – die Liebesreise

Unsere Beziehung begann im Jahr 1998, als wir uns auf einem Seminar im Wonnemonat Mai kennenlernten. Seither sind wir ein Liebespaar und seit 2001 verheiratet. Wir leben mit unseren zwei wundervollen Töchtern in der Nähe von Linz.

Elisabeth erzählt:

Als wir einander begegneten, hatte ich bereits eine Scheidung hinter mir und damit erlebt, wie es sich anspürt, wenn eine Beziehung scheitert. In Stefan war ich dann so verliebt, dass ich mir niemals vorstellen konnte, dass ich mit ihm jemals wieder so schwierige Stunden erleben könnte, wie ich sie bereits erlebt hatte. Ich genoss unser Zusammensein mit allen Sinnen und liebte seine männliche, kraftvolle und ruhige Präsenz, aber auch seine aktive Art, auf die Welt zuzugehen. Ich bewunderte seine Sportlichkeit und seinen Abenteuergeist. Ich war beeindruckt von seinen alpinistischen Leistungen und wie er diese in sein Berufsleben integrierte.

Als Stefan im Jahr 2001 eine Expedition zum Mount Everest leitete, und diesen erfolgreich bestieg, um mit dem Snowboard herunterzufahren, kulminierten unsere Probleme nach seiner Rückkehr. Stefans Schweigsamkeit bezüglich seiner Gefühle, welche ich zu Beginn als Präsenz und Ruhe wahrnahm, verletzte mich. Ich fühlte mich immer wieder von ihm mit unserer kleinen Tochter alleingelassen und erlebte eine ähnliche Situation, die ich bereits von meiner Kindheit kannte. Als ich sieben Jahre alt war, ließen sich meine Eltern scheiden. Dadurch verlor ich für lange Zeit den Kontakt zu meinem geliebten Vater. Stefan und ich stürzten in eine Krise, die es mir nicht mehr ermöglichte, mein Herz für ihn zu öffnen. Zusätzlich gab es noch andere Auslöser, die alte Verletzungen reaktivierten und bei mir immer wieder die Gedanken an Trennung auftauchen ließen.

Stefan erzählt:

Ich hatte zuvor mehrere Beziehungen mit Frauen, aus denen ich mich meist bei den ersten größeren Problemen zurückzog. Ich verliebte mich in Elisabeths Leichtigkeit, Spontanität und Lebendigkeit, gepaart mit einer unglaublichen Offenheit, Herzlichkeit und Sinnlichkeit. Elisabeth beeindruckte mich mit ihrer Natürlichkeit und liebevollen Zärtlichkeit.

Nach eineinhalb Jahren intensiver Verliebtheit tauchten die ersten Schwierigkeiten auf. Was ich in der romantischen Phase noch an ihr bewunderte, wurde plötzlich zum Problem wie z.B. ihre Einfühlsamkeit. Diese bewertete ich bald als übertriebene Emotionalität. Als sich erste Zeichen unserer Krise ankündigten und Elisabeth sich zunehmend zurückzog, reagierte ich mit der typisch männlichen Art: »Es wird schon wieder werden, Augen zu und durch.« Zeitweilig war diese Einstellung hilfreich, langfristig war sie aber eher kontraproduktiv. Wir entfernten uns immer mehr voneinander. Damit wurde meine Geschichte aktiviert. Im Alter von zehn Jahren starb meine geliebte kleine Schwester. Damals beschloss ich, dass ich diese Art von Schmerz nie mehr wieder erleben wollte. Also vermied ich allzu intensive Nähe und Gefühle zu Elisabeth, indem ich mich immer wieder zurückzog oder schwieg. Dadurch dachte ich, dass ich mein Herz schützen konnte.

Die Entscheidung, einen Imago-Paarworkshop zu machen, war ein erster wichtiger Schritt aus der Krise in eine neue Richtung. Er gab mir endlich das Wissen und ein erstes Set an Handwerkszeug, wie Beziehungen gelingen können. Die Theorie dazu basiert auf einem Modell von Harville Hendrix. Das Seminar ermöglichte es uns, eine strukturierte Form der Beziehungsarbeit zu erlernen, um wieder miteinander in Verbindung zu kommen.

Die Kombination aus unseren Aus- und Fortbildungen mit den Erfahrungen aus unserem eigenen Entwicklungsprozess unterstützen uns dabei, unzählige Paare auf ihrem Weg zu begleiten. Wir erkannten, dass die gemeinsame Liebesexpedition nicht bei der Öffnung und Begegnung der Herzen endet: Wir wollten, so wie sehr viele Paare, nicht nur liebevolle Gespräche und die Klärung unserer gemeinsamen Themen, sondern auch das Feuer der Lebendigkeit auf der körperlichen Ebene leben. Deshalb erweiterten wir das Modell der »Beziehungsreise« aus der Imago-Paartherapie um den körperlichen Aspekt zur »Liebesreise für Herz und Körper«. (Vertiefende Beschreibung ab Seite 53, »Aufbruch«.) Gelenkt durch unsere Erfahrung, dass es *unverschämt glücklich* macht, die Liebe zueinander auf der Herzens- sowie auch auf der körperlichen Ebene zu leben, erweiterte sich unser Betrachtungsschwerpunkt: auf das körperliche Erwachen von Mann und Frau – auf ihrem Weg zum vollständigen Ausdruck ihrer Liebe auf allen Ebenen. Denn erfüllende Liebeslust multipliziert nicht nur das Gefühl von Verbindung und Liebe zueinander. Sie verankert das Gefühl von Glück, Lebensfreude und tiefer Verbindung in der Beziehung und im Leben beider Partner. Sie ermöglicht also den Zugang zu selbstermächtigter Lebensfreude und persönlichem Wachstum.

Natürlich ist die Reise bei jedem Paar sehr individuell geprägt. Sie verläuft jedoch meist in denselben Schritten: Wie in der Beziehungsforschung und der Neurobiologie bereits umfassend untersucht und beschrieben, gehen Mann und Frau am Beginn ihrer Beziehung durch eine Zeit, welche vor allem von unbewussten Mustern geprägt wird. Sie wissen noch nicht, in wen sie sich da verliebt haben. Die sexuelle Energie fließt frei. Lust und Begehren lassen das Paar viel Zeit im Bett verbringen.

Auf diese Phase der *ersten Verliebtheit* folgt der *Machtkampf* (siehe Seite 60 ff). Je länger diese Zeit der un-

bewussten Beziehung andauert, desto öfter wähnen sich viele Paare in einer Sackgasse. Sie ergeben sich vielfach der Abwärtsspirale ihrer Beziehungsqualität. Verletzungen, Streitigkeiten, Lustlosigkeit, mangelndes Begehren, Verweigerung und sexueller Druck dominieren das gemeinsame Leben.

Entgegen der vorherrschenden Meinung ist diese frustrierende Beziehungssituation aber nicht das unvermeidliche Ende jeglicher Liebeslust. Vielmehr wird es gerade an diesem Punkt spannend. Denn dieser gefühlte Tiefpunkt ist tatsächlich ein Wendepunkt. Ab hier geht es um Selbstverantwortung und Selbstermächtigung. Der Startpunkt für die aktive Reise zu liebevoller Verbindung und lebendiger, gemeinsamer Sexualität ist eine *Entscheidung*. Beide Partner entscheiden sich füreinander – für ein bewusstes gemeinsames Beziehungsabenteuer. Sie übernehmen zu gleichen Teilen die Verantwortung für ihre Beziehungsqualität. Sowohl auf Herzensebene als auch im Bereich der Sexualität betreten sie daraufhin, in der Phase der *Bewusstwerdung*, Liebesneuland. Dem Weg der drei Ebenen folgend, erobern sie sich Stück für Stück ihre Offenheit und Liebe für sich selbst und einander zurück. Ihr Blick auf das Leben und ihre Beziehung wird aus der Vergangenheit und der Zukunft ins Jetzt verlegt. Zuneigung wird perlend leicht und spielerisch.

Wir wollen Ihnen jedoch nicht weismachen, dass dieser Kreislauf zu lebenslänglich ungetrübter Freude führt. Vielmehr gleicht das gemeinsame Abenteuer einer Spiralbewegung, bei dem das Paar wiederholt die gleichen Stationen durchschreitet. Denn solange Beziehungen atmen und leben, befinden sie sich ständig im Wandel. Zwar ändern sich die Perspektive, die Erfahrung und der Grad der Bewusstheit. Das Leben konfrontiert beide Partner allerdings stets aufs Neue mit geänderten Rahmenbedingungen und neuen persönlichen Kostbarkeiten aus ihrer inneren Schatztruhe. Beide stehen zwar immer wieder vor neuen Herausforderungen, die Beziehung wird allerdings niemals langweilig.

Solange Mann und Frau miteinander in Verbindung und aktiv auf der Suche nach Bewusstheit bleiben, dreht sich die Spirale aufwärts. Die zugrunde liegenden Prozesse und Muster werden klarer. Herzensverbindung und Sexualität werden inniger und erfüllter. Lebendige Liebeslust erfüllt das gemeinsame Leben nachhaltig.

Die Spiralbewegung kann sich aber auch abwärts drehen, wenn das Paar keine Entscheidungen trifft und sich im unbewussten Machtkampf verzettelt. Es ist daher wesentlich, dass beide regelmäßig ihren bequemen Beziehungstrott hinterfragen und aus ihrer sicheren Wohlfühlzone heraustreten.

Ihre Begleiter

Gerade das Verlassen der Komfortzone fällt vielen Menschen zu Beginn der Reise oft nicht leicht. So unerquicklich ihr aktueller Beziehungsstatus vielleicht auch sein mag, sie kennen ihn bereits und haben sich darin eingerichtet. Bei vielen Paaren zeigt sich das als beruflicher Alltag unter der Woche und abendlichem Abhängen vor dem Fernseher. Freitagabends Treffen mit Freunden und Austausch von aktuellem Klatsch und Tratsch. Am Samstag der Fußballplatz oder doch der Besuch bei den Schwiegereltern oder das Reinigen des Autos, das Spiel mit den Kindern. Routinesex findet statt, aber es fehlt das gewisse Funkeln in den Augen und das Kribbeln im Bauch, wenn man an den anderen denkt. Die Beziehungstendenz ist eher schlecht als recht – man beschwert sich bei Freunden, vielleicht auch in der Beziehung darüber, aber es verändert sich nichts.

Was am Ende einer gemeinsamen Entwicklungsreise stehen könnte, ist noch völlig unklar. Also probieren sie erst gar nicht, z.B. die andere Person zu einer Aktivität außerhalb der bekannten Komfortzone zu verführen, weil sie von vornherein denken: »Er/Sie hat ohnehin immer was an mir auszusetzen, ich erledige lieber noch meine E-Mails.« Es ist daher durchaus verständlich, dass Mann und Frau zunächst an Ängsten, verkrusteten Lebenskonzepten und verstaubten

Bildern voneinander festhalten. Denn diese schützen zuverlässig vor dem Ungewissen – »Ich weiß ja nie, was passiert, wenn ich etwas Neues ausprobiere«.

Anhaltend verbundene Liebe und lebendige, erfüllende Sexualität passieren nicht einfach nebenbei. Es ist vielmehr ein andauernder Prozess voller kleinerer und größerer Herausforderungen, die es zu überwinden gilt. Das klingt zwar auf den ersten Blick nicht sehr verlockend. Aber genau dieser Weg führt zu Ihrem gemeinsamen Himmel auf Erden. Sie sind dabei auch keineswegs ungeschützt oder allein. Sie forschen, lernen und wachsen gemeinsam mit Ihrem Partner bzw. Ihrer Partnerin. Beide bringen ihre Stärken mit ein. Beide stehen vor Herausforderungen. Beide haben die Möglichkeit, einander im Entwicklungsverlauf wahrzunehmen, zu fördern und beizustehen. Jeder gemeinsame Schritt wird zur deutlichen Spur im Beziehungsabenteuer. Der gemeinsame Weg wird zur gemeinsamen Geschichte und hinterlässt Vertrauen, Verständnis und Mitgefühl.

Darüber hinaus weisen Ihnen auch innere Begleiter den Weg: Folgen Sie Ihrer angeborenen *Neugierde*, was das Leben und die Liebe bieten können, und Ihrem *Mut,* weiterzugehen und zu wachsen.

Fassen Sie sich also ein Herz und machen Sie sich bereit, Neuem zu begegnen! Nutzen Sie Ihren Forschergeist als Basisausstattung für Abenteurer – denn ein Abenteuer wird Ihre gemeinsame Beziehungsreise in jedem Fall. Sie reisen, ohne zu wissen, was genau Sie erwartet. Das ist gut so. Schieben Sie beiseite, was Sie alles bereits zu wissen glauben. Schaffen Sie erwartungsvoll Raum für Neues, Unerwartetes und Ungeplantes. Wählen Sie bisher unbekannte Abzweigungen. Befreien Sie Ihr Leben und Ihre Beziehung aus starren Mustern. Lassen Sie es über sich selbst hinauswachsen, lebendig werden und in neuen Möglichkeiten erstrahlen.

Auf diesem Weg berät und trägt Sie Ihr innewohnender Mut. Vergessen Sie wohlerzogene Lebensmuster, die gesunden Mut mit Leichtsinn oder Ungehorsam gleichsetzen. Vertrauen und folgen Sie Ihrem Mut als Qualität des Herzens. Er weist Ihnen den Weg zu Eigenverantwortung und selbstbestimmtem Leben. Er steht Ihnen bei, um Liebes- und Lebenschancen zu erkennen und zu nutzen: Immer wieder gilt es, Ihren Ängsten entgegenzutreten und diese als zuverlässige Führer zu Ihrem Entwicklungspotenzial anzuerkennen und willkommen zu heißen. Manchmal geht es vielleicht um die Entscheidung, sich einander oder sich selbst liebevoll zuzuwenden. Dann wieder machen Sie sich auf, um sich dem oder der Liebsten zu öffnen und sich mit allem, was da ist, tatsächlich zu zeigen. Schwierig kann es auch sein, sich völlig aufeinander einzulassen und einander zu vertrauen. Lassen Sie sich nicht dadurch entmutigen, dass Ihr Beziehungsalltag manchmal komplex und anspruchsvoll ist. Bleiben Sie unbedingt dran und entdecken Sie, was alles in Ihnen und Ihrer Beziehung steckt.

Achtsame Neugierde, Präsenz, Hingabe und Mut eröffnen Ihnen den Zugang zu weiteren Schlüsselqualitäten auf dem Weg zu unverschämtem Glück.

Diese Qualitäten wurden zwar jedem von uns in die Wiege gelegt, jedoch leider aus dem Leben der meisten Erwachsenen nachhaltig verbannt. Lassen Sie sich nicht weiter durch das Leben hetzen. Gönnen Sie sich Verschnaufpausen vom Alltagsstress und lösen Sie sich so oft Sie können bewusst von Gedanken an Vergangenheit oder Zukunft. Erleben und genießen Sie, was *jetzt* ist. Gestatten Sie sich, Ihre Beziehung und die Sie umgebende Welt in jedem Moment aufmerksam, achtsam und wertschätzend wahrzunehmen. Befreien Sie sich couragiert von einengenden Bewertungen und öffnen Sie sich für *bewusste Hingabe* – Hingabe an sich selbst, an Ihre Liebsten, an den Moment an sich und an das Leben generell mit all seinen Höhen und Tiefen!

Dabei wollen wir eine weitverbreitete Sichtweise korrigieren. Danach wäre Hingabe gleichzusetzen mit lasziver Dauergeilheit, bei der wir einander jederzeit und uneingeschränkt zur Verfügung zu stehen hätten. Hingabe wird dabei mit Selbstaufgabe bis hin zur Unterwerfung oder mit Kontrollverlust gleichgesetzt. So ist es nur verständlich, dass Hingabe unbedingt vermieden werden muss.

In Wahrheit ist Hingabe jedoch ein Gefühl wertfreier Achtsamkeit und gelebter Präsenz. Ob im Alltag oder im Bett, hingebungsvoll zu sein bedeutet, in Kontakt mit uns selbst, mit unserer Umwelt und mit dem Leben an sich zu sein. Tatsächlich beruht Hingabe also keineswegs auf passiver Selbstaufgabe. Ganz im Gegenteil, wahre Hingabe kann erst erlebt werden, wenn wir furchtlos in uns selbst ruhen und bereit sind, uns dem Leben und unseren Liebsten zu öffnen. Dadurch wird der Weg zu absichtsloser Liebe und pulsierender Verbindung frei. Der sonst so überbewertete Verstand übernimmt eine Nebenrolle. Sorgen und Ängste verlieren für den Moment ihre Bedeutung. Wir stehen in Kontakt mit unseren Gefühlen, nehmen wahr, was gerade ist, und können uns auf allen Ebenen öffnen. Alle Sinne sind aktiv und geschärft. Plötzlich schmeckt die Liebe nach Himbeeren, das Leben riecht nach sommerwarmem Holz, ein Kuss zaubert Sonnenstrahlen auf unser Gesicht und eine Berührung lässt Schmetterlinge in uns wach werden.

Aussicht auf etwas Besonderes

Vereinen wir Mut, Präsenz und Hingabe im liebevollen Miteinander, wird Sexualität so viel mehr. Statt einfach nur miteinander zu schlafen, leben wir Liebe. Vertrauen nährt jede Begegnung. Mitgefühl und Sicherheit entfachen das Begehren. Die vormals unüberwindlich scheinende Schwere und Komplexität verfliegen. Eingebrannte Verhaltensmuster, Bewertungen, vorgefasste Bilder und Vorstellungen von »gutem Sex« verlieren ihre Bedeutung. Befreit von fix vorgegebenen Abläufen gilt jetzt: Nichts *soll* sein – alles *darf* sein.

Das Liebesspiel ist jedes Mal neu und unvorhersehbar. Unsere Körper begegnen einander. Wir schwingen zusammen, leben und feiern den Augenblick. Ungezügelte Weiblichkeit bzw. Männlichkeit erwacht. Unser gesamtes Potenzial als Frau oder Mann, aber auch gemeinsam als Paar, wird offensichtlich und greifbar. Gemeinsam betreten wir eine neue Freiheit und können leben, was wir wirklich sind: lustvoll, authentisch, spielerisch, kreativ, groß, stark, selbstbestimmt, leidenschaftlich, glücklich und schön.

Wo alles beginnt –
achtsame Begegnung

*Es gehört oft mehr Mut dazu, seine Meinung
zu ändern, als ihr treu zu bleiben.*

FRIEDRICH HEBBEL

Noch vor Beginn der eigentlichen Reise widmen wir uns der Grundlage unserer Liebesreise zu gemeinsamem Wachstum und erfüllter Sexualität, der *achtsamen Begegnung.*

Viele Paare haben nach Jahren des gemeinsamen Beziehungsalltags verlernt, offen, unbelastet und frei miteinander zu kommunizieren oder einander wertschätzend und achtsam zu begegnen. Das tägliche Leben wird zusehends von Streit oder Provokation beherrscht. Alltagskleinigkeiten schaukeln sich zu gewaltigen Auseinandersetzungen auf und auch wohlmeinende Begegnungen werden zum Tanz auf einem Minenfeld.

»Uns betrifft das gar nicht. Wir streiten niemals!«, denken jetzt einige Paare sicher. Sie versuchen, trotz ganz natürlich vorhandenem Gesprächs- und Diskussionsbedarf, auftretende Differenzen eher totzuschweigen. Die Probleme verschwinden aber dadurch natürlich nicht. Gedanken wie *»Damit habe ich mich längst abgefunden, dass er mich irgendwann mal wirklich versteht«* oder *»Ich rede mit ihr gar nicht darüber, wie es mir mit ihr geht, denn da ist sie sowie-*

so wieder nur beleidigt und hält mir das wochenlang vor«
führen zur Stagnation im Miteinander. Unter den Teppich
gekehrt werden diese Themen vielmehr immer größer, nisten
sich in jedem Winkel des Beziehungsalltags ein und vergiften
nachhaltig die Qualität des Zusammenlebens.

Egal ob Paare demnach im Dauerstreit oder in der
Sprachlosigkeit festsitzen, mit der Zeit lauern überall of-
fensichtliche oder versteckte Feindseligkeiten. Offenheit,
Achtsamkeit und Wertschätzung verkümmern. Mann und
Frau stellen resigniert fest, dass sie von ihrem Gegenüber
nicht bekommen können, was sie wirklich wollen und brauchen. Liebe und körperliches Begehren schwinden.

Um eben dieser Resignation entgegenzuwirken, ist es uns ein
wesentliches Anliegen, Sie von Beginn dieses Buches an zu
ehrlicher und achtsamer Kommunikation und Begegnung zu
verführen: Bitte tragen Sie Ihre Differenzen untereinander
aus! Diskutieren Sie! Seien Sie unterschiedlicher Meinung!

Nur so bleiben Sie für die Welt Ihres Gegenübers offen
und können auch Ihr eigenes Ich kommunizieren. Nur so
wird es für Sie selbstverständlich, sich einander anzuver-
trauen. Nur so bleiben Sie in Begegnung und in Verbindung.
Nur so haben Sie eine Chance auf erfüllte Sexualität mit all
ihren Facetten und Möglichkeiten.

Denn auch wenn Sie diese festgefahrene Situation bereits
länger kennen und sich schon voneinander entfernt haben,
wenn sich Frust und Enttäuschung eingenistet haben – Sie
können *jederzeit* umkehren! Die Abwärtsbewegung dieser Negativspirale wird gestoppt, wenn Sie sich einander
wieder achtsam und respektvoll zuwenden. Wagen Sie es,
aufeinander zuzugehen, sich einander zu öffnen und (wieder) zuzumuten. Dann können Sie Ihre eingefahrenen, starren Kommunikationsmuster verändern. Frische, lebendige Begegnungen werden zur neuen Beziehungs*normalität*.
Probieren Sie es aus! Sie können dabei nur gewinnen.

Der Sand im Kommunikationsgetriebe

Wir kennen alle diese Situation: Plötzlich wird aus einem – vielleicht sogar ganz nebensächlichen – Gespräch ein Riesenkrach.

Er: »Kannst du mir bitte mal die Butter rüberreichen?«

Sie: »Du siehst doch, dass ich gerade den Geschirrspüler ausräume. Hol dir doch die Butter selber. Immer muss ich alles machen.«

Er: »Du siehst überhaupt nicht, was ich alles für uns leiste. Mit deinem zickigen Getue gehst du mir echt auf den Geist. Ich kann es dir ja sowieso niemals recht machen! Am besten, ich mache mir alles selbst, denn dann kannst du nicht immer meckern.«

Sachliche Argumente sind völlig aus dem Rennen, stattdessen regieren Killerphrasen wie »*Immer* machst du …!«, »*Nie* bist du …!«, »Du interessierst dich ja *nur* für …«.

In allen Beziehungen können harmlose Begebenheiten zum Super-GAU mutieren. Die Partner gehen buchstäblich aufeinander los. Später verstehen sie ihre eigene Reaktion oft selbst nicht mehr und finden dann vor lauter Scham, Wut oder Verletzung keinen Weg mehr zueinander. Weil das Paar jedoch schon bei der nächsten Annäherung an dieses Thema in haargenau dieselbe Falle tappt, endet auch diese Begegnung in einem neuerlichen Streit. Um die nächste Auseinandersetzung zu verhindern, meiden beide irgendwann die Gefahr möglichst großräumig: Ein weiteres Thema ist tabu und die gemeinsame Beziehungswelt wieder ein Stück kleiner geworden.

Grund dafür, dass uns dieses Verhalten buchstäblich passiert, sind kindliche Verhaltensmuster – sogenannte Schutzmuster. Mit ihrer Hilfe bewältigten wir in unserer Kindheit unangenehme oder bedrohliche Situationen. Unbewusst werden wir aber auch im Erwachsenenleben von ihnen gesteuert. Dafür braucht es nur einen unbewussten, kleinen Auslöser (Trigger) wie einen Geruch, eine Geste, eine Mimik, einen Satz, eine Phrase oder auch nur einen bestimmten Tonfall. Völlig unerwartet und blitzschnell reagiert unser Gehirn dann nach jenem alten Reaktionsmuster. Um nicht lange nachdenken zu müssen, berücksichtigt es jedoch nur etwa sieben Prozent der tatsächlichen Sachlage, um das Geschehen im Jetzt zu erfassen, wie Manfred Spitzer dies in seinem Buch *Lernen: Gehirnforschung und die Schule des Lebens* beschreibt. Den Rest ergänzt es aus vergangenen Erfahrungen.

So verwandelt eine harmlose, liebevolle Handbewegung zur Hilfe beim Ausparken aus der Garage den Partner unbewusst und im Zehntelbruchteil einer Sekunde in den übergriffig dominanten Großvater, der uns nichts zutraute und jede unserer Bewegungen geringschätzig vorgab und überwachte. Oder die Partnerin, die auf unsere Bitte, sich *jetzt* kurz etwas für uns Wichtiges anzuschauen, mit »*Bitte zeig es mir später, ich habe gerade keine Zeit!*« antwortet, wird zur überforderten Mutter, die sich nie Zeit für uns nahm. Von einem Augenblick auf den anderen werden wir unerwartet und unkontrolliert heftig wütend und schmettern dem Partner ein »*Glaubst du, ich bin dämlich? Ich mache das jeden Tag!*« entgegen oder wir werden vielleicht traurig und fühlen uns alleingelassen. Wir ziehen uns verletzt zurück und blockieren jede Annäherung.

In wirklich bedrohlichen Momenten macht die Fähigkeit, sich zu behaupten und mit schwierigen Situationen umzugehen, natürlich Sinn. Im Erwachsenenalter ist es jedoch wichtig, sich der eigenen Schutzmuster bewusst zu werden, damit sie unsere aktuellen Begegnungen nicht unkontrollierbar negativ beeinflussen. Sonst bleiben wir in Stresssituationen in alten Mustern gefangen und können nicht erwachsen handeln. Denn läuft unser Schutzmuster einmal, steht uns nur mehr ein sehr überschaubares Arsenal an Reaktionen zur Verfügung: Angriff, Verteidigung, Flucht, Unterwerfung oder Totstellen. Wir verfallen dann auf eine von zwei diametral entgegengesetzten Verhaltensstrategien, welche in der Imago-Therapie sehr eindrucksvoll beschrieben werden. Zwar beantwortet jeder Mensch verschiedene Situationen unterschiedlich, bei den meisten Konfrontationen trifft aber ein maximierender »Hagelsturm« auf eine minimierende »Schildkröte«, wie es Harville Hendrix in seinem Buch *So viel Liebe wie Du brauchst* formuliert. Einige Personen gleichen in ihrem Verhalten einem Hagelsturm und überraschen andere mit der Wucht ihrer Emotionalität. Andere wiederum werden zur Schildkröte, ziehen sich zurück, blockieren gänzlich und versuchen, dem Geschehen zu entkommen. Das stachelt den Hagelsturm zur unbändigen Entfesselung seiner Vorwürfe und Schuldzuweisungen an, was wiederum die Schildkröte dazu veranlasst, sich noch weiter zurückzuziehen. In der emotionsfokussierten Paartherapie von Susan Johnson werden die beiden Konfliktpartner als Ankläger und Rückzügler beschrieben.

Solange wir unbewusst auf eine wahrgenommene Gefahr reagieren, wird unaufhaltbar ein weitgehend automatisierter Prozess in Gang gesetzt, der – einmal ausgelöst – nicht einfach zu durchbrechen ist. Der Zugang zu den erwachsenen Teilen des Gehirns – dem präfrontalen Kortex und der Gehirnrinde – wird dabei buchstäblich gekappt. Alle Reaktionen laufen dann nur mehr über uralte, reaktive Gehirnzonen wie das Stammhirn und das limbische System.

Weil die präfrontalen Regionen nun nicht mehr zur Verfügung stehen, tritt die Person der Situation nur mithilfe unvermeidlich einsetzender, reaktiver Reaktionsmuster entgegen. Sie sieht sich plötzlich sehr heftigen Emotionen und ausgelösten Schutzmustern hilflos ausgeliefert. Jetzt handelt sie impulsiv und verliert jede Möglichkeit, flexibel auf Anforderungen von außen oder Bedürfnisse anderer zu reagieren. In diesem Moment ist es ihr tatsächlich unmöglich, bewusst und gezielt zu kommunizieren oder Handlungen generell so zu durchdenken und durchzuführen, dass sie die Angelegenheit erwachsen meistern könnte. Begriffe wie »den Verstand verlieren«, »ausrasten«, »abstürzen«, »die Kontrolle verlieren«, »sich hart machen« oder »zum Davonlaufen« beschreiben die Situation treffend.

Erst nach etwa 20 Minuten flaut das Erregungsniveau langsam ab und die Verbindung zwischen allen Gehirnarealen kann wieder aufgebaut werden. Davor ist es nicht (leicht) möglich, aus dem Streit auszusteigen und die festgefahrene Situation aufzulösen, selbst wenn die Person schon weiß, oder zumindest ahnt, dass ihre Reaktion völlig unangemessen ist.

Ist diese Verbindung erst einmal abgerissen, übernehmen oft die Vier Apokalyptischen Reiter die Führung, welche von John Gottman in seinem Buch *Die 7 Geheimnisse der glücklichen Ehe* beschrieben werden. Dabei handeln, je nach vergangener individueller und gemeinsamer Erfahrung, Persönlichkeitsstruktur, Situation und Thema, Hagelsturm und Schildkröte unbewusst aus destruktiven Konfrontationsmustern heraus. Beide Partner begegnen ihrem Gegenüber nun mit verallgemeinernder Kritik, respektloser Verachtung, zurückweisender Rechtfertigung oder alles-blockierendem Mauern.

In solch einer Situation passieren z.B. verallgemeinernde Aussagen wie »Deine Arbeit ist dir sowieso wichtiger als ich. Nie bist du für mich da« oder »Wo hast du denn Einparken gelernt?«, aber auch »Ich bin so hungrig!«, »Was soll ich denn noch alles tun neben meinem Job? Etwa auch noch kochen?«. Diese sind vollgepackt mit Verallgemeinerungen, Schuldzuweisungen, Sarkasmus und Abwertungen. Schlussendlich ist es oft so, dass einer der Partner zu mauern beginnt und dadurch für die andere Person unerreichbar wird.

Sind diese Apokalyptischen Reiter im Einsatz, geht es niemals um konstruktive Lösungen, sondern vielmehr um gegenseitige Schuldzuweisungen. Beherrschen sie anhaltend die Kommunikation einer Partnerschaft, verletzen und vergiften sie die Atmosphäre. Sie greifen die Beziehung nachhaltig an und können diese letztlich bis auf die Grundfesten zerstören. Denn je öfter Paare in diese Mechanismen zurückfallen, desto größer werden die wechselseitigen Kränkungen, desto geringer wird die gegenseitige Wertschätzung, desto höher wachsen die inneren Schutzmauern und desto kleiner wird die Chance auf echtes Mitgefühl. Mit der Zeit wird jedes Gespräch, jede Begegnung zu einem Spießrutenlauf. Jetzt geht es in jedem Bereich der Beziehung nur mehr darum, nicht (noch weiter) zu unterliegen – also darum, dem Gegenüber zu beweisen, dass die Schuld bei ihm oder ihr allein liegt.

Wir empfehlen Paaren, sich – auch wenn es schwerfällt – aus der direkten Konfrontation zurückzuziehen, sobald sie bemerken, dass eine Situation kippt oder bereits eskaliert ist. Am besten, Sie warten mindestens 20 Minuten bis der größte Sturm abgeklungen ist! Suchen Sie aktiv Entspannung und innere Ruhe! Denn je tiefer Sie sich entspannen, desto vollständiger sind alle Bereiche Ihres Gehirns verfügbar und miteinander verbunden, desto flexibler können Sie auch wieder auf die Ereignisse und Ihre Umwelt reagieren! Teilen Sie aber bitte Ihrer Partnerin oder Ihrem Partner vorher mit, dass Sie vorerst Zeit zum Abkühlen brauchen, und geben Sie bekannt, wann Sie gerne in Ruhe über das Thema sprechen wollen. Damit vermitteln Sie Sicherheit, und auch Ihr Partner oder Ihre Partnerin kann entspannen, wohl wissend, dass Sie einen gemeinsamen konstruktiven Gesprächstermin haben werden.

Erst dann kann die eigentliche Arbeit beginnen. Bleiben wir bei dem »Arbeitsbeispiel« von oben. Es ist ein weitverbreitetes Phänomen zwischen Paaren, dass eine Person sehr viel arbeitet, und sich die andere darüber beschwert. Die beiden sind mit Vorwürfen, Kritik und Schuldzuweisungen aufeinander losgegangen. Das Ganze ist eskaliert, eine Person hat sich zurückgezogen – vereinbarte allerdings schon bewusst einen Termin für ein gemeinsames Gespräch über das Thema. Nun sitzen die beiden in ihrer Küche bei einer Tasse Tee und versuchen, zu analysieren, was tatsächlich zu der Eskalation geführt hat.

Erkunden Sie zunächst allein (!) und später beide gemeinsam, was wirklich passiert ist. Beschäftigen Sie sich damit, was wodurch genau ausgelöst wurde. Welche Gefühle hat die Situation in Ihnen hervorgerufen und welche unbewussten Muster wurden aktiviert? Wie wollten Sie eigentlich reagieren? Was können und wollen Sie das nächste Mal anders machen?

Durch die Auseinandersetzung mit solchen Fragen nehmen Sie Ihren Anteil am Geschehen in Ihre eigene Verantwortung. So wird es möglich, wahrzunehmen und anzuerkennen, mit welchen Erinnerungen und Emotionen die Situation für Sie verbunden ist. Je mehr Sie über Ihre eigene Geschichte und Ihre Themen Bescheid wissen, desto früher erkennen Sie das Einsetzen Ihrer Schutzmuster. Sie wissen dann, warum Sie plötzlich von 0 auf 100 sind oder warum Sie plötzlich nur mehr weg wollen. Die speziellen Auslöser und die damit verknüpften Gefühle rücken so Stück für Stück ins Bewusstsein und verlieren gleichzeitig ihre unmittelbare Macht.

In obigem Beispiel sitzen die beiden dann bei ihrer Tasse Tee und reden miteinander. Ihr tut es leid, so emotional reagiert zu haben, und sie erkennt, dass sie wirklich überarbeitet ist und die letzten Nächte schlecht geschlafen hat. Daher reagiert sie auf jede kleine Bemerkung mit Angriff und Sarkasmus. Sie erinnert sich, dass in ihrem Elternhaus Leistung sehr wichtig war. Sie war in einer ständigen Konkurrenzsituation mit ihrer Schwester und buhlte um die Gunst des Vaters. Dieser schenkte immer jener Tochter seine rare Aufmerksamkeit, welche durch ihre Leistungen in der Schule und später beim Job punkten konnte.

Er kann plötzlich verstehen, dass es nicht er ist, der für sie unwichtig ist, sondern dass es mit ihrer Geschichte zu tun hat. Dies erleichtert ihn und er erkennt, dass es in ihm eine große Sehnsucht gibt, für sie wirklich wichtig zu sein. Dadurch wird ihm bewusst, dass er als Kind für seinen Vater auch gerne wirklich wichtig gewesen wäre. Dieser war beruflich ständig unterwegs und nahm sich nur sehr selten Zeit für ihn. Damit können beide ein tieferes Verständnis und Mitgefühl füreinander entwickeln. Sie wissen nun, dass der Ärger, die Wut und die Frustrationen nichts mit ihnen persönlich, sondern mit der Geschichte der anderen Person zu tun haben. Dadurch können sie in der nächsten Situation andere, konstruktive Verhaltensweisen wählen.

Mit der Zeit erkennen Sie bereits *vor* dem automatischen Einstieg in das unbewusste Reaktionsmuster, was auf Sie zukommt. Sie können in der gegenwärtigen, *realen* Begebenheit bleiben und müssen nicht auf die innerlich rekonstruierte Situation reagieren. Sie sehen in Ihrem Gegenüber tatsächlich Ihre Partnerin bzw. Ihren Partner, nicht Ihre Mutter, Ihren Vater oder eine andere bedeutende Bezugsperson aus Ihrer Vergangenheit und deren Verhalten. Sie lernen also Schritt für Schritt, die tatsächliche Sachlage präsent wahrzunehmen und diese nicht unbewusst von Begebenheiten aus Ihrer Vergangenheit überlagern zu lassen.

Je besser Sie Ihre Trigger und die Verbindung von Erinnerungen an vergangene Situationen mit dahinter verborgenen Gefühlen kennen und verstehen lernen, desto klarer wird sich folgende grundlegende Beziehungswahrheit herauskristallisieren: Es tragen *immer* beide Partner die Verantwortung für alle in der Beziehung vorherrschenden Probleme und Themen! An Konfrontationen, an Beziehungsproblemen ganz allgemein, ist niemals (!) nur Mann oder Frau schuld! Vielmehr sind eben alle auftauchenden Streitthemen in der Geschichte beider Partner verwurzelt. Sonst würden nicht beide so heftig reagieren, dass daraus wirklich ein Streit entsteht.

Wenn beide Partner erkennen, dass nicht »einfach« der oder die andere ein Problem hat, entsteht oft schlagartig eine rasante Verbesserung der Beziehungsqualität. Wird auch für die bisher »unschuldigen« Partner offensichtlich, dass die Situation weitaus mehr mit ihnen selbst zu tun hat, als sie glaubten, beginnen sich die Blockaden zwischen den Partnern meist von selbst zu lösen. Dann können unbewusste, destruktive Konfrontationsmuster Stück um Stück aufgedeckt werden. Der gemeinsame negative Beziehungstanz verliert seine Intensität und Bedeutung.

Achtsame Begegnung statt Konfrontation

So entsteht eine neue Ebene des Umgangs und der Verbindung miteinander. Die wohlwollende Bereitschaft, einander (wieder) zu begegnen, kehrt zurück. Diese ist der bedeutende Grundstein zu liebevoll verbundenem Miteinander und zu jeder achtsamen sexuellen Begegnung.

Natürlich wird es weiterhin Vorfälle und Begebenheiten geben, die für Diskussionsbedarf sorgen. Sie werden aber erstaunt sein, wie schnell Verbindung, Freude und Liebe aufleben, sobald Sie sich – mithilfe einiger Tipps und Tricks – einander bewusst und offen zuwenden.

Unsere wichtigsten Empfehlungen auf diesem Weg lauten dabei:

- Sprechen Sie unbedingt Dinge an, die Sie kränken, verletzen oder wütend machen!
- Verwenden Sie dabei Ich-Botschaften!
- Erzählen Sie Ihrem Partner oder Ihrer Partnerin, welches Gefühl sein oder ihr Verhalten bei Ihnen auslöst!

- Formulieren Sie konkrete Wünsche, statt Anschuldigungen!
- Verzichten Sie auf verallgemeinernde Killerworte wie »nie«, »immer« und »nur«!
- Beziehen Sie sich auf einen bestimmten Vorfall oder eine Situation!

Durch diese Art zu kommunizieren, übernehmen Sie selbst die Verantwortung für sich, anstatt für Ihre unangenehmen Gefühle Ihr Gegenüber zur Rechenschaft zu ziehen. Automatisch steigen Sie aus Ihren unbewussten Reaktionsmustern aus und öffnen den Weg zum respektvollen Miteinander.

Zum Beispiel wird dann aus den Anschuldigungen *»Du hast nie Zeit für mich!«*, *»Ich bin dir ja eh nichts wert!«*, *»Du liebst mich nicht!«* ein konkreter Wunsch: *»Ich wünsche mir, dass du dir einmal wöchentlich einen Abend für mich Zeit nimmst, wo wir gemeinsam ins Kino/miteinander Essen/spazieren gehen.«* Oder aus *»Nie rufst du mich an!«* wird eine Mitteilung über die eigenen Gefühle: *»Wenn du mich drei Tage lang nicht anrufst, fühle ich mich unwichtig für dich, und das kränkt mich! Ich wünsche mir, dass wir zumindest jeden zweiten Tag miteinander telefonieren. Ist das möglich?«*

Schon ab dem ersten Versuch wird der Unterschied zu bisher vorherrschenden Streitszenarien deutlich spürbar. Die Empfänger der Botschaft können auf den Wunsch eingehen und können zusammen mit den Sendern eine gemeinsame Lösung entwickeln.

Zeigen Sie Präsenz!

Zu Beginn ist es vielleicht nicht leicht vorstellbar, von einer Sekunde auf die andere in solch einen unbelasteten Begegnungsmodus einzutauchen. Es gibt aber einige wichtige Tricks, die das Umsteigen aus den festgefahrenen Verhaltensmustern wesentlich erleichtern. Die wichtigste Begegnungsgrundlage ist hierbei:

- Bleiben Sie achtsam und *präsent* während der gesamten Begegnung! So können Sie sich von einer Sekunde zur anderen einander (unerwartet) nahe fühlen, denn Ihre Präsenz signalisiert: *»Ich bin für dich da! Ich höre dir zu und nehme dich wichtig!«* Legen Sie also Ihr Handy weit weg und schalten Sie Ihren Computer aus!

- Vergessen Sie für den Moment all Ihre beruflichen Probleme, unerledigten Aufgaben und Sorgen um die Kinder, ...!

- Wenden Sie sich aktiv Ihrem Partner oder Ihrer Partnerin in möglichst offener Körperhaltung zu! (Öffnen Sie gekreuzte Arme und Beine.)

- Suchen und halten Sie bewusst liebevollen Augenkontakt, und zeigen Sie Ihrem Gegenüber dadurch, dass Sie hier sind und ihn bzw. sie lieben!

- Machen Sie sich wertschätzend bereit, etwas Unbekanntes, Neues von Ihrem bzw. Ihrer Liebsten zu erfahren!

- Hören Sie mit dem Herzen. Hören Sie aufmerksam, liebevoll, wertungsfrei und vor allem ununterbrochen zu!

- Geben Sie Ihrem Partner bzw. Ihrer Partnerin Raum, Zeit, Geduld, Offenheit und Wertschätzung, damit er oder sie sich öffnen und über seine bzw. ihre Gefühle sprechen kann!

- Empfangen Sie die Offenbarung Ihres Gegenübers wie ein Geschenk!

- Schieben Sie auftauchende Bewertungen *(»Jetzt spielt sie sich wieder auf!«, »Tu endlich weiter!«, »Muss das jetzt sein?«, ...)* bewusst zur Seite und nehmen Sie stattdessen wahr, wie die Innenwelt Ihres Gegenübers aussieht und wie es sich anfühlt, darin zu leben!

- Versuchen Sie die Wahrnehmung Ihres oder Ihrer Liebsten uneingeschränkt zu verstehen und mit ihm bzw. ihr mitzufühlen!

Je nachdem, ob Sie eher als maximierender Hagelsturm oder minimierende Schildkröte agieren, wird es Ihnen bei einigen dieser Aufzählungen leichter fallen, sie durchzuhalten, als bei anderen. Achten Sie jedoch bitte darauf, wenn möglich alle Punkte während Ihrer Begegnung zu berücksichtigen. Dann wird diese fast wie von selbst von völlig neuer Qualität erfüllt sein.

Begegnen Sie einander wertschätzend

Ein weiteres Instrument für achtsame Begegnungen möchten wir Ihnen ganz besonders ans Herz legen: Beginnen und beenden Sie jede Begegnung mit einer Wertschätzung!

Dabei überreichen beide einander als Willkommensgabe eine Information darüber, was Ihnen in letzter Zeit gut an einander gefällt, was Ihnen guttut oder wo Sie eine für Sie angenehme Veränderung wahrnehmen.

Im Unterschied zu Lob *(»Das hast du gut gemacht!«)* begegnen Mann und Frau einander dabei respektvoll auf Augenhöhe, ohne Bewertung und ohne implizites *»Endlich hast du auch mal etwas richtig gemacht!«*. Beide beschenken einander mit Einblicken in einen zufriedenen, angenehmen Teil ihrer Welt, wobei nicht nur die Situation oder das Verhalten *(»Mir hat es sehr gutgetan, als du mir heute Früh so liebevoll übers Haar gestrichen hast, …«),* sondern auch das Gefühl beschrieben wird, das dadurch ausgelöst wurde *(»… dadurch fühle ich mich geborgen und geliebt.«).* Denn so wird es möglich, dass der Zuhörer bzw. die

Zuhörerin nicht nur erfährt, sondern auch wirklich *mitfühlen* kann, wie eine Verhaltensweise oder eine Situation zum Wohlgefühl des Erzählers bzw. der Erzählerin beiträgt.

Auf diese Weise miteinander umzugehen, spürt sich zu Beginn für viele Paare sperrig und komisch an, weil sie es einfach nicht gewohnt sind, so zu kommunizieren. Wir empfehlen, dass Sie sich darauf einigen, es spielerisch auszuprobieren und sich zu gestatten, dass es komisch sein darf, und trotzdem dabeizubleiben. Denn die klare Struktur gibt Ihnen Sicherheit. Wenn Sie das erste Mal auf einem Rad sitzen, fühlt sich das auch wackelig an. Aber mit jedem Mal üben werden Sie sich dabei sicherer fühlen.

Einige Grundregeln können den Umgang mit Wertschätzungen erleichtern:

● Verwenden Sie Ich-Botschaften, indem Sie statt »Du hast bis jetzt noch nie an meinen Namenstag gedacht. Schön, dass du heuer daran gedacht hast!« folgende Formulierung verwenden: »*Ich freue mich, dass du dich an meinen Namenstag erinnert hast!*«

● Formulieren Sie positiv: Ihre geliebte Person kann »*Mir gefällt sehr, dass du gestern den Kindern das ganze Buch vorgelesen hast!*« weitaus besser hören, als »Mir hat es sehr gefallen, dass du gestern nicht wieder nach der Hälfte des Buches aufgehört hast, den Kindern vorzulesen!«

● Vermeiden Sie versteckte Kritik und Vergleiche: Statt »Ich schätze, dass du nicht mehr so grantig bist, wie im letzten Monat.« probieren Sie einmal, wie Ihr Partner/ Ihre Partnerin reagiert, wenn Sie die Formulierung »*Ich schätze, wie fröhlich und offen du in den letzten Tagen bist!*« verwenden. Achten Sie dabei auf einen liebevollen und sanften Tonfall.

● Achten Sie darauf, Ihre Wertschätzungen im Präsens auszudrücken, dadurch ist sie unmittelbar spürbar. Statt »Ich habe geschätzt, dass du gestern einkaufen warst.« probieren Sie es mit: *»Ich schätze, dass du gestern für uns einkaufen warst und mir meine Lieblingsfrüchte mitgenommen hast!«*

- Vertiefen Sie die Wirkung Ihrer Wertschätzung, indem Sie Ihrem Partner/Ihrer Partnerin mitteilen, wie Sie sich fühlen, wenn er/sie das geschätzte Verhalten an den Tag legt. *»Wenn du mir meine Lieblingsfrüchte mitbringst, fühle ich mich geliebt, umsorgt und verbunden mit dir.«*

Möglicherweise ist es gar nicht einfach, sich an eine Situation zu erinnern, die Sie als positiv empfunden haben. Vor allem ist es aber oft unglaublich schwierig, eine Wertschätzung überhaupt zu hören und aufzunehmen. Dabei verwandelt sie sich, einmal angekommen, in ein Geschenk.

Überreichen Sie einander daher, mitten im Alltag, regelmäßig und ganz bewusst, kleine Wertschätzungen! Achten Sie selbst bei solch kurzen Begegnungen auf liebevollen Augenkontakt und eine offene Körperhaltung. So tanken Sie auch in Krisenzeiten Augenblicke der Verbindung, und schnell verändert sich das Grundgefühl Ihrer Beziehung. Wertvolle kleine Begebenheiten, sonst vom Alltag verschlungen, bekommen mehr Bedeutung, werden intensiver wahrgenommen und erinnert. Immer selbstverständlicher wird es, einander achtsam mit offenem Ohr, liebevollem Blick und offenem Herzen zu begegnen.

Die achtsame Begegnung in der Umsetzung

Jede präsente, achtsame, liebevolle Begegnung ist ein wahrer Beziehungsjungbrunnen – selbst und gerade wenn manchmal schwierigere Themen besprochen werden. Jedes Mal festigen Mann und Frau in sich die Gewissheit, richtig, wichtig und wertgeschätzt zu sein. Die daraus entstehende Verbindung überdauert die Begegnung an sich und schafft eine Basis dafür, dass beide noch lange danach offen füreinander bleiben.

Nehmen Sie sich also regelmäßig Zeit und Raum für einen Austausch. Lassen Sie einander an aktuellen Gedanken und Gefühlen teilhaben. Achten Sie darauf, dass der Anteil an Gutem, Positivem und Gelungenem dabei mehr als die Hälfte der Gesprächszeit beträgt! Gönnen Sie sich den Luxus, mehr voneinander zu erfahren, und nehmen Sie sich in kurzen Abständen (z.B. jede Woche) Zeit für Begegnung! Beginnen Sie mit kurzen Einheiten (maximal zehn Minuten) und sprechen Sie z.B. darüber, was Sie an Ihrem bzw. Ihrer Liebsten, an Ihrer Familie, an Ihren Kindern, an Ihrem gemeinsamen Leben, an Ihrem Beruf schätzen. Erzählen Sie, was Ihnen aktuell Freude macht, worüber Sie nachdenken, was Sie bewegt oder was Sie sich wünschen. Machen Sie aus jedem Gespräch eine Übung der Achtsamkeit und der Präsenz. Sie lernen einander besser kennen und vergrößern Ihre gemeinsame Erlebensbasis.

Stefan erzählt:

In den ersten Jahren unserer Beziehung zog ich mich gerade in Momenten besonderer Liebe und tiefer Verbindung mit Elisabeth unbewusst zurück. Immer, wenn ich mich ihr sehr nahe gefühlt habe, und gerade dann, wenn ich das Gefühl hatte »Es ist so schön zwischen uns, das möchte ich nie mehr wieder verlieren«, floh ich aus meiner liebevollen Offenheit und Präsenz. Dies passierte sowohl geistig als auch körperlich, indem ich ins Büro oder die Garage ging, um dort etwas »Wichtiges« zu erledigen. Ich selbst fühlte mich zufrieden, geliebt und genährt, schützte mich so vor zu viel Nähe und Liebe. Wenn meine Abwesenheit mehr als eine Stunde dauerte, und

Elisabeth nicht wusste, wo ich war und wie der weitere Tag verlaufen sollte, fühlte sie sich durch mein Verhalten alleingelassen, ignoriert und frustriert. Verlässlich gab es Streit, gegenseitige Vorwürfe und Anschuldigungen.

Als wir uns entschieden, hinter die Kulissen unserer oberflächlichen Verhaltensmuster zu blicken, lud ich Elisabeth zunächst ein, mich bei meiner inneren Expedition zu den Ursachen meiner Reaktion zu begleiten. Bei der Untersuchung dieses Verhaltens stellte sich heraus, dass ich nach dem Tod meiner kleinen Schwester gelernt hatte, dem Gefühl von Angst und Trauer aus dem Weg zu gehen. Die intensive Liebe und Nähe zu Elisabeth holte aber bei mir diese Angst vor dem Verlust der innigen Verbindung hervor und rührte schmerzvoll an diese vergrabenen, unausgesprochenen Gefühle.

Elisabeths eigene Nachforschungen zeigten uns wiederum, dass sie sich durch meinen Rückzug an das Verlassenwerden durch ihren Vater erinnert fühlte. Daher löste mein Verhalten bei ihr so starke Gefühle von Hilflosigkeit und Wut, Angst und Trauer aus.

Zuverlässig sorgte ich also durch mein »Verschwinden« dafür, dass das intensive Gefühl der innigen Verbundenheit und Liebe automatisch durch Streit und Frust abgekühlt wurde.

Die gemeinsame Erfahrung dieser zugrunde liegenden Gefühle brachte uns beiden tiefes Verständnis und Mitgefühl gegenüber unseren eigenen Ängsten und den Bedürfnissen und Wünschen des anderen. Wir lernten, unsere Emotionen zu benennen und anzuerkennen, und konnten uns aus den erschöpfenden, destruktiven Konfrontationen befreien.

Nach wie vor nehme ich heute bei großer Nähe und tiefer Verbindung zu Elisabeth sowohl meine Liebe als auch meine Trauer und Angst wahr. Wissend aber um den Ursprung dieser Gefühle, lernte ich, trotzdem prä-

sent und offen im Hier und Jetzt und in Begegnung zu bleiben, und die Ängste aus der Vergangenheit oder Sorgen, die Zukunft betreffend, beiseitezulassen.

Beginnen Sie, als ersten Einstieg in diese Art der Begegnung oder wenn Sie sich vielleicht bereits weiter voneinander entfernt haben, mit unverfänglichen gemeinsamen Aktivitäten wie z.B. einem Abendessen oder Spaziergängen in einer neutralen Umgebung. Erst wenn Sie das Gefühl haben, dass Ihnen diese Form von gemeinsamer Unternehmung durchaus gelingt, und Sie einander wieder näher sind, empfehlen wir unten stehende Vorgangsweise. Diese Gesprächskultur verlangt von Ihnen beiden die Entscheidung, an Ihren Themen dranzubleiben. Das kann auf manche Freigeister etwas zwanghaft wirken – es bietet aber eine gute Sicherheit, wenn Ihre Emotionen drohen, hochzugehen.

Die nun folgende, sehr klar strukturierte Checkliste soll Ihnen, vor allem zu Beginn Ihrer Reise, als Einstiegshilfe die nötige Sicherheit und Struktur für Begegnung bieten. Auf gar keinen Fall verstehen wir sie aber als starres Korsett, das nun für immer Ihren Weg zur Verbindung bestimmen soll!

Ganz im Gegenteil, wir möchten Sie einladen, unseren Leitfaden vielleicht die ersten Male unverändert anzuwenden, ihn dann aber nach Ihren Wünschen und Bedürfnissen anzupassen und für Sie zu optimieren. Wenn Sie einander ausdauernd und regelmäßig in dieser neuen Qualität begegnen, merken Sie bald, welche Punkte für Sie besonders bedeutend und welche weniger wichtig sind. Sprechen Sie miteinander darüber und entwickeln Sie gemeinsam Ihr ganz persönliches Begegnungsritual!

Termin vereinbaren: Als ganz wesentlicher Bestandteil einer bewussten Begegnungskultur ist es unverzichtbar, sich gemeinsam bereits vorab einen Termin für die nächste Begegnung auszumachen! Sie können sich jetzt fragen: »Warum müssen wir uns einen Termin eintragen, wir sehen uns ja ohnehin jeden Tag?« Der Sinn dahinter ist, dass Sie durch diese Vereinbarung Ihrer gemeinsamen Zeit eine besondere Wichtigkeit beimessen. Dabei ist es egal, ob Sie unmittelbaren Bedarf haben, sich zu einem bestimmten Thema auszusprechen, oder ob Sie noch nicht wissen, wer wen genau woran teilhaben lassen will. Wichtig ist es, Zeit für regelmäßige Begegnungen zu fixieren, wie für andere Termine in Ihrem Alltag auch. Nehmen Sie sich ausreichend (!) Zeit und tragen Sie diese bitte auch in Ihre Kalender ein! Vergessen Sie dabei nicht, zu klären, wer dafür zuständig ist, dass diese Zeit wirklich ungestört zur Verfügung steht. (Kinder versorgen, Zeit frei halten, dafür sorgen, dass beide nicht zu müde sind, um präsent bleiben zu können, …) Bitte besprechen Sie bei Ihren ersten »Probedurchläufen« nur Positives!

Aus dem Alltag ausschwingen: Ist der Termin gekommen, bitten wir Sie, sich – jeder für sich – aus dem Alltagsgeschehen auszuschwingen. Das bedeutet für jeden etwas anderes. Für uns kann das zum Beispiel sein, eine Runde laufen zu gehen, bei einem erfrischenden Bad zur Ruhe zu kommen oder sich zu einem gemütlichen, stressfreien Abendessen zurückzuziehen.

Legen Sie auf jeden Fall Computer, Handy oder Zeitung aus der Hand und schalten Sie den Fernseher ab. Planen Sie – je nachdem, wie viel Alltag Sie abschütteln müssen – mindestens eine halbe Stunde ein, um sich vom alltäglichen Trott abzuwenden und diesen loszulassen.

Klare, sichere, angenehme Atmosphäre schaffen: Widmen Sie sich dann gemeinsam der Vorbereitung Ihres Begegnungsraumes! Handy und Fernseher sind bereits ausgeschaltet. Vermeiden Sie Unordnung und Alltagschaos und beseitigen Sie Dinge, die dem Raum seine Klarheit nehmen. Sorgen Sie für eine angenehme Beleuchtung und eine wohlige Grundstimmung. Stellen Sie zwei Sessel einander – ohne Hindernisse dazwischen – gegenüber.

Struktur festlegen: Spätestens jetzt sollten Sie sich untereinander ausmachen, wer erzählen möchte (A) und wer zuhört (B), und ob es danach noch in derselben Begegnung einen Wechsel geben wird. Jetzt sollte sich A auch zum Thema der Reise Gedanken machen. Bitte machen Sie sich außerdem nun aus, wie lange das Gespräch dauern soll und stellen Sie sich einen Wecker! Beginnen Sie bitte zunächst mit kurzen Einheiten von maximal zehn Minuten!

Beginn der Begegnung: Setzen Sie sich einander gegenüber. Nehmen Sie sich selbst und Ihr Gegenüber ganz deutlich wahr! Kontrollieren Sie bitte nochmals den Abstand Ihrer Sessel! Nehmen Sie wahr, welche Distanz zueinander für Sie passt! Ist es für Sie angenehm, in direktem Kontakt (z.B. mit den Knien) mit Ihrem Gegenüber zu sein oder brauchen Sie mehr Raum für sich? Passen Sie Ihre Position Ihrem Bedürfnis an!

Nehmen Sie Ihre aktuelle Körperhaltung wahr! Sind Ihre Arme, Hände, Beine oder Füße überkreuzt? Setzen Sie sich aufrecht, in möglichst offener Körperhaltung, einander völlig zugewandt gegenüber und suchen Sie liebevoll ermutigenden Augenkontakt!

Öffnen Sie jetzt ganz bewusst Ihr Herz und entlassen Sie Ihr Gegenüber aus allen »*Kenn ich eh schon*«-Schubladen!

Gegenseitige Wertschätzung: A überreicht B zu Beginn eine Wertschätzung als Präsent. Anschließend beschenkt B A mit einer Wertschätzung.

Begegnung: Nun schenkt A B einen Einblick in ihr bzw. sein Leben und ihre bzw. seine Wahrnehmung. A erzählt B was ihn oder sie beschäftigt, was ihn oder sie bewegt, was er oder sie sich wünscht ... B bleibt präsent und hört mit offenem Herzen zu, ohne zu bewerten. An dieser Stelle kann natürlich so etwas wie Peinlichkeit oder Scham auftreten. Vielleicht haben Sie einander noch nie auf diese Art und Weise Beachtung geschenkt. Probieren Sie es einfach aus! Es gibt kein »Richtig« oder »Falsch«. Auch Lachen ist erlaubt. Sie müssen dabei kein ernstes Thema besprechen – es kann auch etwas sein, wofür Sie Ihrer Partnerin, Ihrem Partner dankbar sind, was Sie lustig an Ihrem Zusammenleben finden oder etwas, das gut zwischen Ihnen beiden gelaufen ist ...

Achten Sie während des Gesprächs immer wieder darauf, einander in möglichst offener Körperhaltung zu begegnen und bleiben Sie mit liebevoll wertschätzendem Blick über Ihre Augen miteinander in Verbindung! Erfahren Sie die Begegnung als Übung, einerseits der Selbstwahrnehmung und Öffnung (A) und andererseits der Präsenz und Wertschätzung (B)!

Abschließende Wertschätzung: A dankt B mit einer Wertschätzung, womit B ihr bzw. ihm im vorangegangenen Gespräch geholfen hat, was ihm bzw. ihr gutgetan hat. Danach schenkt B A eine abschließende, die Begegnung betreffende Wertschätzung.

Vertiefende Möglichkeiten sind: die Zusammenfassung der wesentlichen Inhalte des bisher Gehörten sowie der Versuch, den Partner oder die Partnerin zu verstehen und mit ihm/ihr mitzufühlen. Wir legen Ihnen an dieser Stelle den Besuch eines Imago-Paarworkshops ans Herz. Dieser erleichtert Ihnen wesentlich die Integration neuer Kommunikationsstrukturen und Verhaltensweisen in Ihrer Beziehung.

Nonverbaler Abschluss: Verabschieden Sie sich voneinander mit einer nonverbalen Geste (z.B. mit einer Umarmung, einem Händedruck oder Kuss), als Ausdruck der zwischen Ihnen entstandenen Verbindung und als Bestätigung, dass diese Begegnung nicht die letzte war.

Thema mindestens 24 Stunden ruhen lassen: Auch wenn das besprochene Thema Sie nun vielleicht intensiv beschäftigen sollte, halten Sie sich bitte unbedingt an diese Regel: Sprechen Sie frühestens nach 24 Stunden wieder über all das, was in Ihrer Begegnung aufgetaucht sein mag! Behalten Sie das Erlebte mindestens einen Tag in sich, in Ihrem Herzen! Lassen Sie es setzen und spüren Sie nach, was das Gesagte in Ihnen auslöst und warum!

Vor allem für Schildkröten ist es sehr wichtig, dass diese

Phase der unmittelbaren Öffnung auch ein klares Ende hat, damit das Gesagte sein darf und nicht zerredet wird. Nur so erleben auch sie einen wirklich geschützten Raum, in dem Öffnung möglich und ihr individuelles Wesen wertgeschätzt wird.

Zu Beginn Ihres gemeinsamen Weges, in stürmischen Phasen oder auch bei besonders aufwühlenden Themen der Beziehung kann es schon einmal vorkommen, dass Sie in alte, destruktive Konfrontationsmuster zurückfallen. Lassen Sie sich davon nicht entmutigen!

Wenn Sie während ihrer Begegnung bemerken, dass Sie beginnen, in alte Reaktionen abzugleiten, sprechen Sie es gleich (!) in Form von nicht verallgemeinernden Ich-Botschaften an! Sagen Sie, ohne Schuldzuweisungen, was Sie wahrnehmen und was Sie dabei fühlen. Halten Sie den Augenkontakt! Kontrollieren Sie Ihre Körperhaltung und öffnen Sie gekreuzte Arme oder Beine. Wenden Sie sich einander mit liebevollem, nicht wertendem Blick wieder ganz bewusst zu. Gehen Sie dann gemeinsam zurück zu einem sinnvollen Wiedereinstiegspunkt und versuchen Sie es nochmals.

Nur wenn Sie sich wirklich einmal mitten in einem richtigen Streit wiederfinden sollten, in dem Schutzmuster und Apokalyptische Reiter bereits toben, unterbrechen Sie die Begegnung für den Moment. Ziehen Sie sich zurück und kümmern Sie sich darum – jeder für sich –, Ihre innere Gelassenheit, Entspannung und Empathie wiederzufinden! Machen Sie anschließend einen neuen Termin für ein weiteres Gespräch zum selben Thema aus und gehen Sie das Thema nochmals an!

Der wichtigste Rat, den wir Ihnen zum Ende dieses Kapitels geben möchten, ist: *Bleiben Sie dran!*

Je mehr Übung Sie bekommen, einander achtsam wertschätzend zu begegnen, desto schneller erkennen Sie kritische

Punkte oder auch den Rückfall in eingefahrene Streitmuster. Je öfter Sie diese konstruktive Art der Begegnung üben, desto vollständiger ersetzen neue Muster die alten und ein Entgleisen in destruktive Kommunikation wird immer unwahrscheinlicher. Je intensiver Sie also Ihre Zweisamkeit in Begegnung verbringen, desto besser und nachhaltiger verbinden Sie sich miteinander und desto mehr Sicherheit und Geborgenheit wird in Ihre Beziehung einziehen. Und ebendiese Veränderung der Beziehungsqualität ist der Nährboden für Ihr Beziehungsglück, für tiefe Liebe, erfüllende Sexualität und gemeinsames Wachstum.

Jetzt kann das Abenteuer beginnen!

Der Aufbruch

*Und plötzlich weißt du: Es ist Zeit, etwas Neues zu
beginnen und dem Zauber des Anfangs zu vertrauen.*

MEISTER ECKHART

Stehen Sie an einem Punkt Ihrer Beziehung, an dem Sie fühlen: *»Das kann doch nicht alles gewesen sein?«* Dann warten Sie bereits am Tor Ihrer gemeinsamen Beziehungsreise,
auf der Suche nach dem Schlüssel zu mehr Lebensfülle und
Lebendigkeit. Ihr Abenteuer startet zunächst jedoch mit
einem notwendigen ersten Schritt – mit der Beantwortung
der Frage: *»Machen wir uns zusammen auf den Weg in
unser gemeinsames Beziehungsabenteuer?«*

Bis jetzt haben Sie keinen klaren Masterplan, wie dieses
Ziel zu erreichen ist. Sie brauchen auch noch keine Vorgabe,
wohin die Reise führen oder wie die gemeinsame Zukunft
genau aussehen soll. Zunächst geht es »nur« um ein *Ja!*
zum Anfang – um ein *Ja!* aus vollem Herzen. Mit diesem
Ja! wenden Sie sich einander zu. Sie können festgefahrene
Beziehungsmuster hinterfragen und das einzementierte Bild,
das Sie voneinander haben, loslassen. Dann entstehen und
wachsen neue Möglichkeiten.

Vielleicht steht jedoch für einen oder beide Partner
statt des ersehnten *»Ja!«* ein *»Ja, aber …!«* oder gar ein
»Na ja, …« bzw. *»Nein!!«* im Raum. Dann werden notwen-

dige Entscheidungen nicht erkannt, nicht getroffen und/oder nicht nachhaltig umgesetzt.

Um also wirklich losgehen zu können, gilt es, den Grund für ein fehlendes »Ja!« zu erkunden. Welche Teile der eigenen oder der gemeinsamen Geschichte, welche Sorgen, Ängste, Bedürfnisse oder Wünsche sind mit der Entscheidungsfindung verbunden und verhindern ein nachhaltiges Bekenntnis zueinander?

Was bisher geschah

In allen Beziehungen passieren unbewusste Verletzungen. Lange Zeit wird vieles toleriert wie z.B. sportlicher Fanatismus, übertriebene Ordnungsliebe oder wöchentliche Saufgelage. Meist geschieht dies aus Unwissen, wie die konstruktive Bewältigung eines Konfliktes gelingen kann, und zeigt sich als Bequemlichkeit, Vermeidung oder als Angst vor einem eskalierenden Konflikt.

Dann scheinen der aktuelle Beziehungsstatus und die gemeinsame Geschichte ein beiderseitiges *Ja!* unmöglich zu machen. Zu viel ist geschehen, zu viele Kränkungen stehen zwischen den Partnern. Vielen Paaren hilft es in einem ersten Schritt daher, sich ihrer eingefahrenen Verhaltens- und Beziehungsmuster bewusst zu werden und den aktuellen Beziehungszustand zu hinterfragen. Deswegen beginnen wir unsere Beziehungsreise mit einem kurzen Rückblick auf die unbewussten Phasen der *romantischen Verliebtheit* und des *Machtkampfs.*

Vielen Beziehungsdynamiken und Verhaltensmustern begegnen wir im Hauptteil unseres Buches noch genauer, in den Phasen der *Bewusstwerdung* und der *erwachenden Sexualität.* Wollen Sie sich darüber hinaus jedoch noch intensiver mit den ersten Etappen der Beziehungsreise beschäftigen, verweisen wir Sie gerne auf die zahlreich am Markt bereits vorhandene Literatur (vor allem im Bereich der Paar-Therapie und der neurobiologischen Beziehungsforschung).

Wenn Liebe einfach ist – romantische Verliebtheit

Zu Beginn Ihrer gemeinsamen Reise kommen sich Mann und Frau zunächst näher und erkennen ganz plötzlich oder auch mit der Zeit, dass nun der oder die Richtige in ihr Leben getreten ist.

Dabei verhalten sich Menschen während dieser im Schnitt etwa eineinhalb Jahre dauernden Phase oft ungewöhnlich. Aufgrund eines speziell wirksamen Hormoncocktails, vor allem aus Dopamin und Norepinephrin, erleben sie ihre Gefühle unglaublich intensiv. Herzklopfen, intensive innere Wärme, Zittern, Schmetterlinge im Bauch … das Paar ist buchstäblich trunken vor Liebe. Nur der bzw. die Geliebte zählt, alles andere verliert an Bedeutung. Er oder sie ist großartig und makellos. Beide hoffen, dass sich die andere Person ebenso zu ihnen hingezogen fühlt, und haben große Sehnsucht nach emotionaler Vereinigung. Dafür verändern sie in der Phase der Verliebtheit vielleicht sogar ihren Kleidungsstil, ihre Werte und Gewohnheiten. Männer und Frauen haben jetzt ungeheure Energien zur Verfügung und wagen in diesem Zustand vieles, von dem sie niemals geahnt hatten, dass es ihnen überhaupt möglich ist. Zum Beispiel fällt es vielen leicht, in dieser Phase neue Sportarten zu erlernen oder plötzlich große Reisen zu unternehmen, obwohl sie vorher nicht weiter als bis zum Mittelmeer fahren wollten.

Dieses intensive Gefühl der »Liebestollheit« ist fast immer verbunden mit dem Bedürfnis, auch körperlich eine tiefe, liebevolle Bindung einzugehen. Ohne äußeres Zutun folgen die Körper der innigen Verbundenheit auf Herzensebene und streben nach Vereinigung. Sexuelle Begegnungen sind dann meist großartig, spielerisch, unkompliziert und zutiefst befriedigend. Viele Paare haben rund um die Uhr Lust aufeinander, das gemeinsame Leben wird von körperlichem Begehren geprägt. Ausdauernd werden Körper, Geist und Seele der Liebsten achtsam erforscht, gehalten und genährt. Ganz selbstverständlich und unbeschwert können die Liebenden über ihre Wünsche und Bedürfnisse sprechen. Tabus scheinen keine Gültigkeit zu haben. So ist Sexualität meist für beide erfüllt von völliger Offenheit, Präsenz und Lebendigkeit.

Unbewusste Partnerwahl

Die der Verliebtheit zugrunde liegenden körperlichen Prozesse konnten Wissenschaftler wie z.B. Helen Fisher oder Renate Klein durch die Erforschung biologischer und psychologischer Auslöser und Ursachen mittlerweile umfassend erklären. Dabei hat sich folgende Frage als besonders bedeutsam herausgestellt: »Wieso verlieben wir uns gerade in diesen Menschen?« Mit diesem Phänomen haben sich sehr viele Forscher auseinandergesetzt und sind zu verblüffenden Ergebnissen gekommen. Im Besonderen möchten wir Ihnen die für unseren Zugang relevanten Überlegungen von James Hollis vorstellen, der in seinem Buch *The Eden Project – In Search of the Magical Other* eine jungianische Perspektive über Beziehungen darstellt. Wie er beschreibt, bezieht sich unsere Partnerwahl nicht nur auf unseren damaligen Lebenskontext. Wir suchen vielmehr Partner, die uns mit unseren *gesamten* Lebenserfahrungen halten, mit unseren Wünschen und Sehnsüchten wahrnehmen können. Idealerweise soll mit ihnen die Erfüllung dieser Sehnsüchte für uns möglich werden. Wenn wir mit uns umgebenden Personen in Interaktion treten, wählen wir also ganz gezielt Menschen, die uns bei der Suche nach unserer Ganzwerdung bestmöglich unterstützen können, indem sie sich einerseits von uns unterscheiden und uns andererseits trotzdem ähnlich sind. Zu viel Ähnlichkeit oder zu viel Unterschiedlichkeit ist für eine längere Beziehung meist kontraproduktiv. Wir projizieren alle unsere positiven wie negativen Beziehungserfahrungen auf die andere Person.

Gerade bei der Partnerwahl folgen also Mann und Frau ihrer Sehnsucht nach einer stabilen, liebevollen Verbindung, in der es möglich ist, so zu sein, wie sie wirklich sind. Für sie sind jene Personen am reizvollsten, in denen sie Wesensanteile erkennen, die sie selbst aufgrund prägender Kindheitserfahrungen nicht leben. Zum Beispiel suchen sich quirlige Personen oft den entgegengesetzten Ruhepol oder sehr ordentliche Menschen einen eher chaotisch-kreativen Gegenpol, durch den sie sich »ganz« fühlen. Dabei geht es nicht um beliebige Anteile, sondern um jene, die sie in ihrem Alltag unbewusst am meisten vermissen, wie etwa herzliche Offenheit oder die Fähigkeit, mit schwierigen Situationen humorvoll umzugehen. Denn die meisten Menschen wurden von Beginn ihres Lebens an mit ihren ganz besonderen Stärken und Eigenschaften zu wenig gesehen, gehört und anerkannt. Um geliebt zu werden, passen sie sich den Anforderungen der sie umgebenden Bezugspersonen an. Daher landen jene Eigenschaften und Wesensanteile, die sie in ihrem Umfeld nicht leben können und dürfen, tief vergraben und ruhiggestellt in einem imaginären *Kühlschrank*. Die dort tiefgekühlt eingelagerten Anteile werden zwar ab diesem Zeitpunkt nicht weiter verstärkt und ausgebildet – sie verschwinden jedoch nicht. Stattdessen begleiten sie das Kind (und später den Erwachsenen) weiterhin als heimliche Wünsche, unerfüllte Sehnsüchte und Bedürfnisse und prägen ihr Leben nachhaltig und umfassend.

Je mehr von diesen lebendigen Eigenschaften und Wesensanteilen im Kühlschrank landen, desto weniger können diese Personen ihre Besonderheit mit all ihren Facetten leben. Ihre Gefühle sind für sie oft kaum spürbar. Sie empfinden nur wenig Mitgefühl und Wertschätzung für all das, was ihr Wesen tatsächlich ausmacht. Sie entwickeln kein Gefühl dafür, dass sie in ihrer Gesamtheit gut und richtig sind, und erleben insgesamt weniger Lebendigkeit, Selbstwertgefühl oder gar Selbstliebe.

Sind wir verliebt, genießen wir die Selbstverständlichkeit, mit welcher der bzw. die Angebetete eben jene in uns tiefgekühlten Qualitäten lebt. Dadurch haben wir plötzlich und ganz ohne Anstrengung Zugriff auf diese jahrelang verschütteten Anteile unserer selbst. Wir fühlen uns in der Zweisamkeit unerwartet angenommen und ganz. Wir dürfen wir selbst sein. »Zu Hause angekommen« lieben wir unser Gegenüber dafür, dass er oder sie uns diese innere Ganzheit ermöglicht.

Darüber hinaus entwickeln wir alle aufgrund der gesamten Beziehungserfahrungen in unserem Leben ein inneres Bild davon, wie Beziehung sich anspüren, ausschauen sollte – wie sie insgesamt zu sein hat. Die dabei intensivste Erfahrung kommt aus unseren Kindertagen, in denen wir in ein von uns selbst nicht beeinflussbares Beziehungsmuster eingebettet waren. In ebendiesem Beziehungsmuster kennen wir uns aus. Egal ob es für uns eine gute oder schlechte Erfahrung darstellt, es hat für uns den höchsten Wiedererkennungswert und vermittelt uns ein besonderes Gefühl von Sicherheit. Das heißt, wir finden in unserer Partnerin oder in unserem Partner die herzlichen Anteile unseres Vaters wieder, aber ebenso die jähzornigen und abwertenden Verhaltensweisen, mit welchen uns unsere ältere Schwester in einer Konkurrenzsituation quälte. Wir suchen bei der Partnerwahl unbewusst jemanden, der uns die gleiche oder eine möglichst ähnliche Beziehungsstruktur anbietet. Durch das in uns ausgelöste Gefühl großer Vertrautheit, scheint es dann, als würden wir ihn oder sie schon ewig kennen. So ist es einfach, sich zu öffnen und einander befreit zu begegnen.

Besonders vertraut sind die Partner einander, wenn sie im Gegenüber die kumulierten positiven *und* negativen Eigenschaften jener Personen wiedererkennen, die ihr Leben von Kind an geprägt haben. Interessanterweise haben dabei die negativen Eigenschaften früherer Bezugspersonen oft sogar noch mehr Gewicht als die positiven. Natürlich sucht kein Mensch bewusst seine Partnerin bzw. seinen Partner nach dem Vorbild seiner Eltern oder Geschwister aus. Durch den »Rosa-Brille«-Effekt in der ersten Phase der Verliebtheit können sie die ähnlichen Merkmale gar nicht bewusst erkennen. Nach einigen gemeinsamen Jahren stellen viele Paare aber doch überrascht fest, wie sehr ihre eigene Beziehung den Erfahrungen aus ihrer Kindheit ähnelt. Sie leben gemeinsam oft die gleichen Verhaltensmuster und Qualitäten, die sie als Kind in der Beziehung zu den Eltern erlebt haben. Darüber hinaus zeigt die eigene Partnerschaft oft auch einen verblüffend ähnlichen Verlauf wie die elterliche Beziehung.

Obwohl es sich für Paare nach Jahren der Partnerschaft vielleicht nicht mehr so anfühlt, bergen diese bedeutenden Kriterien der Partnerwahl die größten Entwicklungspotenziale jeder Beziehung. Denn jeder Mensch versucht unbewusst, die Lebensbedingungen wieder herzustellen, die er als Kind erlebt hat, um diese dann in weiterer Folge gemeinsam zu überarbeiten und zu korrigieren.

Sie können demnach darauf vertrauen, dass Ihr aktueller Partner bzw. Ihre aktuelle Partnerin das Potenzial hat, für Sie der oder die Richtige zu sein. Denn Sie wählten ihn bzw. sie instinktiv so aus, dass er oder sie einerseits den Wünschen und Bedürfnissen Ihrer damaligen Lebenssituation, darüber hinaus aber vor allem Ihren kindlichen Prägungen und Ihrer Sehnsucht nach innerer Ganzheit entsprochen hat. Mit ihm oder ihr werden Ihnen Ihre tiefsten Wunden bewusst, ebenso können Sie aber den Himmel auf Erden erleben. Indem Sie alte Beziehungserfahrungen unbewusst reinszenieren, können diese heilen.

Der Spaß hört auf – der Machtkampf beginnt

Nach der romantischen Phase verändert sich das Bild. Die vor Kurzem noch so selbstverständliche Verbindung zu sich selbst und dem bzw. der Geliebten wird rissig und beginnt zu verfliegen. Mit dem Übergang zum normalen Alltag legen wir fortschreitend die rosa Brille ab. Anfänglich sehr geschätzte Verhaltensweisen und Eigenschaften der bzw. des Liebsten empfinden wir zunehmend als unmöglich und nervend. Jetzt stört es uns, dass der Partner beim Essen immer Geräusche macht, dass er so pingelig auf Ordnung bedacht ist oder sich nicht aktiv um die Beziehung kümmert. Vielleicht finden wir es nun auch nicht mehr charmant, wenn die Partnerin blöde Witze reißt, immer redet oder ständig mit ihrer Gefühlsduselei übertreibt. Fanden wir unsere Partnerin früher lebendig, sehen wir sie heute oft als hysterisch an. Statt souverän ist der Liebste heute kaltschnäuzig. Sie ist heute pingelig statt ordentlich und er verschwenderisch statt großzügig.

Gerade diese veränderte Wahrnehmung spielt in Zeiten des Machtkampfs eine große Rolle. Immer öfter schleicht sich jetzt ein bewertendes »*Das gehört sich nicht!*« in den gemeinsamen Alltag ein. Es taucht zuverlässig auf, wenn es um jene Charaktereigenschaften unseres Gegenübers geht, die wir selbst in unserem Kühlschrank vergraben haben und nach denen wir uns so sehr sehnen.

In der Zeit nach der ersten Verliebtheit fallen wir in

unsere alten Verhaltensweisen und Rollenmuster zurück. Tiefgekühlte Anteile, die wir zunächst durch unsere Liebste bzw. unseren Liebsten endlich wieder ein Stück weit selbst erfahren durften, haben keinen Platz mehr im normalen Alltag. Sie müssen nun wieder zurück in den inneren Kühlschrank. Darüber hinaus müssen aber diese Eigenschaften auch bei unserem Gegenüber weg. Denn tagtäglich würden wir sonst an unsere unerfüllte Sehnsucht nach innerer Ganzheit und authentischer Lebendigkeit erinnert.

Auch auf sexueller Ebene bekommen übernommene Konzepte und eingeimpfte Schamgefühle erneut Oberhand. Uneingeschränkte Lebendigkeit und überbordende Lebenslust scheinen plötzlich unangemessen und falsch. Beide Partner verschließen sich voreinander und verstummen. Sie können den besonderen Ausdruck der körperlichen Lebensfreude des Gegenübers jetzt nicht mehr als Impuls wahrnehmen, die eigenen, tief verschütteten Anteile ans Licht zu bringen und zu leben. Stattdessen werden Freude und Vitalität nun konsequent auch aus dem Bett verbannt.

So werden, im Alltag und im Bett, beide Partner Schritt für Schritt zurechtgestutzt, sprich *domestiziert*. Was nicht in die von Gesellschaft und dem sozialen Umfeld vorgegebenen Rollenbilder beider passt, muss verschwinden. Mann und Frau verzichten, um des lieben Friedens willen, Schritt für Schritt auf ihre Besonderheiten, ihre speziellen Ecken und Kanten. Sie legen all das ab, was sie als Person ausmacht, wie z.B. sie redet gerne im Bett, er findet das unanständig und störend. Er teilt ihr das so lange mit, bis sie darauf verzichtet. Durch diese Domestizierung werden aber bei beiden Partnern Lebensfreude und ihre besondere Lebendigkeit entkräftet. Das Freie, Wilde, Kreative, Spontane, Lebendige und Aufregende verliert seinen Platz. Das Vertrauen, uneingeschränkt willkommen zu sein, verschwindet. Das gemeinsame Leben wird immer weniger authentisch. Die Lebensfreude leidet, Begehren und körperliche Anziehung verschwinden. Die Chance auf Verbindung zwischen Mann und Frau löst sich auf. Jetzt sorgen nur mehr die täglichen Konfrontationen und Reibereien für Kontakt, Spontaneität und Spannung im Beziehungsalltag.

Wenn Sie sich in dem gerade Gesagten wiederfinden, stellen Sie sich in einer ruhigen Stunde die folgenden Fragen. Schenken Sie dabei allen auftauchenden Gefühlen genügend Aufmerksamkeit. Bitte planen Sie bald danach eine gemeinsame achtsame Begegnung ein und tauschen Sie Ihre Empfindungen und Gedanken aus.

- Ein Verhalten, das ich meinem Partner bzw. meiner Partnerin zuliebe abgelegt habe, ist …?
- Es fehlt mir, wenn …?
- Dann fühle ich mich …?
- Dadurch, dass ich mich anpasse, vermeide ich …?
- Ein Verhalten, das mein Partner bzw. meine Partnerin für mich abgelegt hat, ist …?
- Gestört hat es mich, weil …?
- Ausgelöst hat es in mir …?
- Ich fühle mich auf sexueller Ebene bei/von meinem Partner bzw. meiner Partnerin herausgefordert durch …?
- Das löst in mir aus …?
- Ich fühle mich dann …?
- Ich würde auf sexueller Ebene gerne erleben, dass …?
- Ich sehne mich danach, weil …?
- Wenn ich daran denke, fühle ich mich …?
- Bisher mache ich das nicht, weil …?

Exits – schleichender Rückzug

Mit der Zeit schreitet der Rückzug im Alltag und im Bett voran. Bevor durch das eigene Verhalten, wie z.B. die Freude an Geselligkeit und Unterhaltung mit Freunden, ein Konflikt provoziert wird, verzichtet sie lieber darauf. Unbewusst ist sie ihm dafür böse und hat keine Lust mehr, mit ihm ins Bett zu gehen.

Werden immer weniger positive Spannung und Lebensfreude innerhalb der Beziehung gelebt, steigt auch die Wahrscheinlichkeit, dass sich ein oder beide Partner Spontanität und Lebendigkeit auf einem anderen Weg ins Leben zurückholen. Beispielsweise ist einer der Partner frustriert über mangelnde Wertschätzung in der Beziehung, versucht er, diese außerhalb, von anderen Personen, zu bekommen.

Um nicht ständig auf die eigene Einsamkeit inmitten der Beziehung und an die fehlende Verbindung zu stoßen, wird die Chance auf tatsächliche Begegnungen so gering wie möglich gehalten. Jeder Anflug von Präsenz im Miteinander wird schon im Ansatz umgangen. Belebende Spannung, Verbindung, Zuneigung und vielleicht auch Liebe werden jetzt im Außen, statt im Inneren der Beziehung gefunden. Je nach Typ, Situation und Gelegenheit wählen Mann und Frau dabei unterschiedliche Ausweich- bzw. Fluchtmöglichkeiten, sogenannte *Exits*.

Viele Exits werden dabei oft von beiden Seiten nicht gleich als solche erkannt. Es handelt sich zunächst um normale Aktivitäten des Alltags, denen aber überproportional viel Raum und Zeit eingeräumt wird: Arbeit, Karriere, Sport, Projekte, Treffen mit Freunden, Kinder- oder Elternbetreuung, Haushalt, Hobbys oder andere unauffällige, alltägliche Tätigkeiten, wie lesen, fernsehen oder die Beschäftigung mit dem Computer und Smartphone. All das begrenzt die verfügbare Zeit für echte Begegnungen unauffällig und zuverlässig.

Ohne Begegnung schwinden natürlich auch Begehren und Leidenschaft. Die Partner umgehen dann unbewusst jegliche Begegnungsinseln für körperliche Zuwendung.

Zärtlichkeiten und Berührungen verschwinden aus dem Alltag. Falls dennoch sexueller Kontakt stattfindet, hat dieser nicht viel zu tun mit der ersehnten achtsam-neugierigen Verbindung der ersten Zeit. Jetzt verläuft Sex nach »Schema F«. Beide Partner flüchten sich vor der gefühlten Isolation in innere Fantasiewelten, gestützt z.B. durch den Einsatz von Rollenspielen, Sexspielzeug oder Pornos.

Schreitet die Entfremdung schließlich noch weiter fort, verlagern die Betroffenen immer mehr Bereiche Ihres Erlebens weg aus dem gemeinsamen Miteinander. Dann drängt es sie häufig auch in schwierigere Exits wie Seitensprünge oder Affären. Manche Menschen werden darüber hinaus körperlich krank oder süchtig nach dem einfachen Kick, den ihnen Pornos, Sexspielzeug, Alkohol oder andere Drogen verschaffen.

Verweigerung auf sexueller Ebene

Mittlerweile sind Momente der Verbindung zwischen Mann und Frau oft nur mehr eine Erinnerung. Nun wird präsente Hingabe auch in der Sexualität zu einem Fremdwort. Sex wird vom verschmelzenden Miteinander zum Einzelkampf. Beide Partner sind meist nicht »bei der Sache«, geschweige denn wirklich präsent. Sie versuchen, in ihren wahrgenommenen Rollen zu funktionieren. Die eigenen Wünsche und die Bedürfnisse anderer werden nicht erkannt, nicht angesprochen und nicht berücksichtigt. Der eigene Körper und Sexualität ganz allgemein werden (wieder) zu Tabuthemen. So zieht meist unerkannt Sprachlosigkeit in das Miteinander ein. Gegenseitige Verständnislosigkeit, sexueller Druck, unbewusste Verweigerung und empfundene Kränkungen bestimmen nun auch die körperliche Ebene. Oft geht es für beide Partner nur mehr um die Jagd nach dem persönlichen Höhepunkt. Wirklich intime Momente verschwinden. Mangelndes Begehren und Lustlosigkeit machen sich breit. Zurück bleibt nur mehr mechanischer Sex ohne jede Herzensbeteiligung.

Sexspielzeug, Rollenspiele, Rauschmittel und/oder Pornografie sind jetzt beliebte Mittel beim Versuch, im Bett doch wieder so etwas wie vertraute Verbundenheit entstehen zu lassen. Natürlich stellen der Einsatz von Sexspielzeug oder sexuelle Rollenspiele kein grundsätzliches Problem dar. Vielmehr können Spiele dieser Art – wenn sie achtsam und mit beiderseitigem Einverständnis erlebt werden – die sexuelle Lust durchaus steigern. Sie eignen sich jedoch nicht als Medizin, um die eingeschlafene Sexualität zu reparieren. Denn durch die Erhöhung des Stimulus wird zwar die rein körperliche sexuelle Erregung oft tatsächlich befriedigt, die Herzen kommen dabei allerdings nicht miteinander in Berührung. Selbst wenn kurz ein Gefühl der Verbundenheit miteinander entsteht, reißt dieses nach dem Orgasmus bald wieder ab. Die Herzen bleiben stumm und die Partner nach jedem Kontakt ein Stück weit einsam und leer zurück.

Das körperliche »Nein!« der Frau

In den kommenden Abschnitten behandeln wir Schutzmuster, aus denen heraus Männer und Frauen aufgrund sozialer, kultureller und familiärer Prägungen typischerweise agieren. Dabei geht es uns um eine vereinfachte Lesbarkeit, keinesfalls um die Zuweisung von Rollen à la »Frauen wollen nie« und »Männer wollen immer«. Denn natürlich tragen sowohl Männer als auch Frauen beide Rollen in sich und greifen unbewusst auf beide Muster zu.

Schwindet die gemeinsame Verbindung untertags, haben vor allem Frauen abends einfach keine Lust, mit ihrem Partner zu schlafen. Sie empfinden ihren Partner als meilenweit entfernt. Ohne vorherige Klärung der Herzensebene ertragen sie keine weitere Körperlichkeit mit ihm.

In den meisten Fällen ist ihnen aber der Grund ihrer Verweigerung nicht klar. Es breitet sich nur deutlicher spürbar ein unklar definiertes *Nein!* in ihrem Körper aus. Sie ziehen sich auf der sexuellen Ebene vor ihrem Partner zurück. Manchmal geschieht das durch eine ausgesprochene Zurückweisung, oft aber auch durch eine unbewusste Verweigerung. Potenziell gemeinsame Zeiten für Begegnung und Sexualität werden über die Inanspruchnahme unterschiedlichster Exits sabotiert. Außerdem können Müdigkeit, Schmerzen oder andere körperliche Symptome auftauchen, die jeden innigen sexuellen Kontakt erschweren oder verhindern. So kann eine Frau z.B. monate- oder sogar jahrelang mit Scheidenpilzen, undefinierbaren Bauchschmerzen oder fehlender Feuchtigkeit (Lubrikation) während der Vereinigung kämpfen.

Jetzt erhöht der Mann meist den Druck auf seine Partnerin. Er versucht oft, sein inneres Gleichgewicht und die Herzensverbindung zu seiner Liebsten über die Sexualität zu erreichen. Fehlt diese, wird er emotional völlig ausgehungert. Immer öfter drängt er sie, mit ihm zu schlafen. Die inneren Mauern sind bei der Frau aber mittlerweile so hoch, dass sie zwar gerne hingebungs- und lustvoll sein, ihren Partner mehr begehren, sich »nicht so anstellen« würde, … aber es geht einfach nicht! Mit der Zeit verspannt sich der Körper der Frau bereits, wenn der Partner auch nur Anstalten macht, überhaupt körperliche Nähe zu suchen – spätestens aber dann, wenn seine Berührungen eindeutig sexueller Natur sind.

Meist erkennt und versteht die Frau ihr *Nein!* oft selbst nicht. Sie erlaubt sich nicht, auf das klare Signal ihres Körpers zu hören, geschweige denn, mit ihrem Partner darüber zu sprechen. Sie möchte den Frieden wahren, den Wünschen ihres Mannes und ihrem eigenen erlernten Bild einer funktionierenden Beziehung entsprechen. Außerdem gibt es auch in ihr die Hoffnung auf eine innige Verbindung durch sexuelle Begegnung. Meist übergeht sie daher ihr Bauchgefühl. Sie »tut es einfach« und wünscht sich, dass es schnell vorbeigeht. Eine passiv erduldende Frau ist für die meisten Männer aber nicht gerade anregend. Sie suchen wirkliche Begegnung – in diesem Stadium der Beziehung eine Unmöglichkeit.

So erleben beide das Gefühl von Zurückweisung und mangelnder Wertschätzung. Die emotionale Distanz wächst. Das Verlangen nach Zuwendung steigt. Immer dringender sucht der Mann die sexuelle Vereinigung und steigert weiter den Druck auf seine Partnerin. Wieder steht jedoch ein *Nein!* im Raum.

Das körperliche »Nein!« des Mannes

Das übernommene Bild, wie guter Sex auszusehen hat und wie oft dieser stattfinden sollte, prägt die Einstellung zu körperlicher Liebe beider Partner, denn wir alle werden seit unserer Jugend durch Medien, Erzählungen und Meinungen konditioniert. Diese Konzepte prägen so lange unkontrollierbar unser Denken und Handeln, bis wir sie uns bewusst machen.

Solche Konditionierungen überfordern meist beide Partner. Für beide Seiten erhöht sich der Druck, richtig zu funktionieren. Unbewusst empfinden daher auch Männer den Druck, Sex »liefern« zu müssen, als schwere Belastung. In ihrer Wahrnehmung sind sie oft zum Orgasmus verpflichtet, sei es als Zeichen ihrer Männlichkeit oder als Liebesbeweis für ihre Partnerin. Häufiger Sex ist ihnen manchmal kein tiefes Bedürfnis, sondern eher eine Frage der Ehre. Wie Frauen haben sie das Gefühl, im Bett Leistung bringen zu müssen, was sich in der Frage »Und, wie war ich?« zeigt. Oft leiden sie unter dem Gefühl, ihrer Partnerin beim Sex – wie im Alltag – etwas geben zu müssen, ohne dafür aber genug zurückzubekommen.

Darüber hinaus übernimmt der Mann für die Beziehungsentwicklung oft weniger Verantwortung als seine Lebensgefährtin. Meist tut er das nicht einfach aus Bequemlichkeit, sondern weil er seinen Fokus vielleicht mehr auf die berufliche Ebene legt oder weil er sich in seinen Bemühungen um Beziehungsarbeit ständig kritisiert und zu wenig wertgeschätzt fühlt. Das Gefühl, es sowieso nicht recht machen zu können, führt oftmals zu Resignation und innerem Rückzug. Oft hat er nicht gelernt, dass und wie Liebesbeziehungen gepflegt werden müssen, und hat vielfach keine Idee, wie er mit seinen Gefühlen umgehen soll.

Also übernimmt die Frau die Verantwortung für den gemeinsamen Weg. Sie organisiert den Alltag, die Familie, die Beziehung und in vielen Fällen dadurch auch gleich das Leben ihres Partners. So begegnet sie aber ihrem Mann nicht mehr auf Augenhöhe. Sie behandelt ihn vielmehr unangemessen übergriffig wie ein Kind, indem sie ihm vorschreibt, was er anziehen oder wie er sich in Gesellschaft mit anderen verhalten soll. Anstatt jedoch die Verantwortung für sein Leben und die Beziehung in die eigenen Hände zu nehmen, flüchten sich Männer vor der Übermacht ihrer dominanten Partnerin in Arbeit, Sport, ins Bordell, zu seiner Freundin oder ins Internet auf Porno- oder Spieleseiten.

Manchmal beginnen sich auch Männer an dieser Stelle auf körperlicher Ebene zu verweigern. Dabei beginnt diese Verweigerung häufig schon untertags. Männer verstecken sich hinter hohen Mauern und schenken ihrer Partnerin keine Aufmerksamkeit oder Präsenz. Sie entziehen sich also auf der emotionalen Ebene und sorgen so dafür, dass die Frau sich gar nicht erst für eine sexuelle Begegnung öffnet. Will sie dann doch einmal mit ihm schlafen, verweigert er sich ihr entweder unbewusst über bewährte Exits oder mittels körperlicher Symptome, wie z.B. Müdigkeit, vorzeitigem

Samenerguss oder Erektionsstörungen ohne physiologische Ursache. Eventuell weist er sie auch bewusst zurück, weil er jetzt keine Lust hat, nach ihrer Pfeife zu tanzen.

Fragen, die Sie sich zum körperlichen »Nein!« stellen können

Nehmen Sie sich einige Minuten Zeit und erinnern Sie sich an die letzten körperlichen Begegnungen (oder Begegnungsversuche) zwischen Ihrem Partner bzw. Ihrer Partnerin und Ihnen. Stellen Sie sich die folgenden Fragen und schenken Sie allen auftauchenden Gefühlen genügend Aufmerksamkeit. Bitte planen Sie bald danach eine gemeinsame achtsame Begegnung ein und tauschen Sie Ihre Empfindungen und Gedanken miteinander aus.

- Wann konnte ich meinem bzw. meiner Liebsten zuletzt mit Freude und Begehren sexuell begegnen?
- Wodurch konnte ich mich so entspannen und öffnen?
- Wie fühlte ich mich dabei?
- Wie erlebte ich meinen Partner bzw. meine Partnerin?
- Wie einfach ist es für mich, Freude und Begehren während der ganzen Begegnung aufrechtzuhalten?
- Wie gut kann ich bei einer körperlichen Begegnung in Verbindung mit mir selbst sein und bleiben?
- Wie fühle ich mich dabei?
- Was macht es mir einfach?
- Was macht es mir schwer?
- Erinnere ich mich an eine Situation, in der ich eine sexuelle Begegnung verweigert habe bzw. verweigern wollte? Erinnere ich mich an eine Situation, in der ich keine Lust auf Sex hatte?
- Wie gut kann ich mich in diesen Situationen mitteilen?
- Wie habe ich reagiert?

- Was machte eine körperliche Vereinigung so schwierig?
- Wie fühlte ich mich dabei?
- Wie erlebte ich meinen Partner bzw. meine Partnerin dabei?
- Was wünsche ich mir von meinem bzw. meiner Liebsten in so einer Situation?
- Gelingt es mir, während des Liebesspiels mit meinem Partner/meiner Partnerin wirklich, entspannt zu bleiben?
- Falls ja: Wovon hängt das ab? Wie fühlt sich das an?
- Falls nicht: Dafür brauche ich von mir selbst .../Dafür brauche ich von ihm bzw. ihr ...
- Um mich sexuell öffnen zu können, brauche ich von mir/von meinem Partner bzw. meiner Partnerin ...
- Wie oft glaube ich, *sollte* ich Sex haben?
- Wie oft *will* ich Sex haben?
- Wie *sollte* sich guter Sex für mich anspüren?
- Meine Fantasien zu gutem Sex sind ...

Zutaten des Machkampfs

Auf dem Weg zu Entfremdung und Sprachlosigkeit in der Beziehung wirken viele Komponenten des Machtkampfs zusammen. Weil vieles ausführlich in der Literatur der Imago- und emotionsfokussierten Paartherapie beschrieben wird und andere Punkte noch in späteren Kapiteln genauer erklärt werden, möchten wir uns an dieser Stelle nur relativ kurz mit den wichtigsten Zutaten des Machtkampfs befassen.

Verwirrung der Ebenen

Trotz des großen Heilungs- und Wachstumspotenzials fühlt sich der Machtkampf an der Oberfläche meist nur wie ein nervenzermürbender Kleinkrieg an. Oft entstehen Missverständnisse und Interpretationsprobleme, weil sich Frust und Entfremdung auf der individuellen, aber auch auf der Herzens- und Körperebene zeigen können.

Der wahre Grund liegt jedoch auf einer oder mehreren anderen Ebenen. So löst sich während der ständigen Auseinandersetzungen meist das Gleichgewicht auf der Ich-Ebene auf. Mann und Frau verlieren ihre innere Ruhe und Ausgeglichenheit, weil sie ihren Beziehungsrückhalt und ihre Geborgenheit verloren haben. Manchmal sind Dauerkonflikte aber auch darin begründet, dass, etwa aufgrund von Stress, zuerst das Gleichgewicht auf der Ich-Ebene verlorengeht. Oder es machen sich Beziehungsunlust und Verweigerung im Bett bemerkbar, die ihre Ursache aber in der fehlenden Verbindung auf der Herzensebene haben.

Versucht das Paar, die Probleme nur dort zu lösen, wo sie offensichtlich werden, gelangen Mann und Frau – trotz vielleicht kurzfristiger Erfolge – zu keinem anhaltend befreienden Resultat. Denn die wahren Ursachen der gemeinsamen Probleme liegen tiefer, auf anderen Ebenen. Für eine nachhaltige Lösung des Konfliktes ist es wesentlich, die Ursachen der Schwierigkeiten auf der richtigen Ebene zu erkennen und auch zu lösen. Nur so können beide den aktuellen Machtkampf durchschauen, befrieden und daran gemeinsam wachsen.

Elisabeth erzählt:

In unserer frühen Beziehung hatten wir eine Phase, in der ich mich immer wieder sexuell lustlos fühlte und Stefan nicht begehrte. In dieser Situation setzte mich Stefans sexuelles Verlangen unter Druck. Hatte ich das Gefühl, dass er mit mir schlafen wollte, spürte ich, wie sich mein Körper anspannte und ein stilles, aber klares »Nein!« in mir auftauchte. Je öfter ich aber Stefans vorsichtige Annäherungen zurückwies, desto offensichtlicher spürte ich seine Enttäuschung. Er fühlte sich verletzt und reagierte immer gereizter. In mir wuchs gleichzeitig das Gefühl, dass ich meinen »ehelichen Pflichten« nachkommen sollte. Ich liebte ihn ja, was sollte das Ganze also? Außerdem wünschte natürlich auch ich mir insgeheim, liebkost, umarmt und auf körperlicher Ebene verwöhnt zu werden.

In unser beider Wahrnehmung hatte ich ein sexuelles Problem. Ich musste dieses einfach lösen. Dann wäre alles wieder gut.

Dabei kannte ich mich eigentlich ganz anders: Ich kannte mich aus unserer romantischen Phase als eine lustvolle Frau, die ihre Wildheit und ihre Leidenschaft auch mit Stefan gelebt hatte. Diese Erfahrung, dieses Wissen, half mir an diesem Punkt, nicht vollends an mir zu zweifeln und zu glauben, dass ich frigide und »nicht normal« wäre. Ich erkannte, dass es mir durch unsere Alltagsstreitigkeiten über Kinder, gemeinsame Zeit, organisatorische Angelegenheiten etc. unmöglich geworden war, mich authentisch, verletzlich und offen zu zeigen. Am meisten frustrierte mich damals Stefans mangelnde Offenheit mir gegenüber. Er erzählte nicht wirklich etwas über sich, zeigte wenige Gefühle und ich konnte so wenig Positives aus meinem Leben mit ihm teilen. Ich hatte das Gefühl, sein Herz nicht zu erreichen. Ich schloss also meine Lebendigkeit immer tiefer in mir ein und verstummte im Außen zusehends.

Um die Situation zu lösen, versuchte ich eine Zeit lang, »einfach« meiner »Pflicht« nachzukommen. Natürlich liebte ich Stefan immer noch und wollte »es« ihm zuliebe »machen«. Meine Lust kam dadurch jedoch nicht anhaltend zurück. Meine Frustration wuchs.

Wir besuchten Seminare, die uns zwar kurzfristig auf körperlicher Ebene wieder in Verbindung brachten. Es wurde uns aber auch dort nicht klar, dass das eigentliche Thema dahinter lag. Daher riss die Verbindung sehr bald wieder ab.

Wir versuchten es mit Sexspielzeugen und Pornografie für Paare. Dies half uns zwar über unser mangelndes Begehren und unsere zeitweilige Lustlosigkeit hinweg, zuverlässig landeten wir aber wieder in der alten Tretmühle – und wurden zusehends frustrierter.

Mittlerweile hatten wir nur mehr selten Sex, und wenn, dann war es schnell wieder vorbei. Wir waren weiter weg denn je von erfüllender Sexualität.

Typischerweise lebten wir damals nebeneinander statt miteinander, weil es für uns schwierig geworden war, sowohl verbal als auch nonverbal miteinander in Verbindung zu kommen. Wir sorgten beide auf individueller Ebene zu wenig für uns und waren durch den Alltag mit seinen vielfältigen Anforderungen gestresst. Das gemeinsame tägliche Leben funktionierte zwar, aber in unseren Herzen waren wir weit voneinander entfernt. Irrtümlicherweise glaubten wir, dass sexuelle Begegnungen spontan funktionieren müssten, so wie ein weiterer Punkt auf unserer To-do-Liste.

Diese mangelnde Verbindung untertags rächte sich allerdings in jeder Nacht: Wir lagen Haut an Haut, aber emotional meilenweit voneinander entfernt ... und ersehnten uns innige Verbindung.

Wir fühlten uns beide unverstanden, frustriert und machten unser Gegenüber dafür verantwortlich. Diese typische Machtkampfphase war geprägt von endlosen, nervenzermürbenden Gesprächen darüber, wessen Schuld es war, dass wir uns so schlecht fühlten, lautstarken Konfrontationen, anhaltendem Frust und auswegloser Verzweiflung.

So lebten wir, wie viele Paare, ein Leben, das uns nicht befriedigte oder ausfüllte, anstatt jenes, das eigentlich möglich ist.

Wir beiden Dickköpfe hatten jedoch gelernt, Schwierigkeiten für unser Wachstum zu nutzen und entschieden uns glücklicherweise dafür, weiter in unsere Beziehung zu investieren. Wir blieben dran. Als wir erkannten, dass das Thema Sex – nachdem es für uns beide ein so wichtiger Streitpunkt war – nicht nur mein »Problem« sein konnte, betrachteten wir es von da an als gemeinsames Thema. Wir übernahmen beide dadurch die Verantwortung für den eigenen Teil der Situation und die Verbesserung unserer Verbindung, und Sexualität war nun ein gemeinsames Projekt, für das wir zu gleichen Teilen die Verantwortung trugen.

Sofort fiel die Last der gesamten Verantwortung von meinen Schultern, und ich konnte mich erleichtert den wahren Gründen meines Neins nähern. Wir erkannten, dass wir beide einerseits viel zu wenig auf unser inneres Gleichgewicht geachtet hatten. Andererseits zeigte sich, dass mein sexueller Rückzug eine Reaktion auf eine Wahrnehmung aus unserem gemeinsamen Alltag war. Ich konnte Stefan in unserem gemeinsamen Leben nicht an meiner Seite spüren, denn er verweigerte sich mir ebenfalls. Er zog sich auf der Gefühlsebene zurück, weil es für ihn schwierig war, meine Lebensfreude zu teilen, wirkliche Verantwortung für unsere Beziehung zu übernehmen und emotionale Nähe über den Tag zu halten. Als Reaktion zog ich mich nun ebenfalls zurück, was sich auf der sexuellen Ebene zwischen uns zeigte.

Um unser Problem zu lösen, übten wir uns also darin, auch untertags emotionale Verbindung herzustellen. Wir übten uns in Achtsamkeit, Wertschätzung und Präsenz. Wir lernten, einander zu sehen, Mitgefühl für die Situation der bzw. des anderen zu haben und über

unsere Wünsche auch auf körperlicher Ebene zu spre-
chen. Wir begegneten einander auch im Bett neu und
achtsam, und fanden insgesamt auf allen Ebenen wieder
zueinander.

Mangelnde Selbstverantwortung

Ein weiterer bedeutender Faktor jeder Machtkampfsituation
liegt in der mangelnden Selbstverantwortung beider
Partner. Im Machtkampf geht es bei Konfrontationen nicht
mehr um Begegnung und Verbindung. Es geht um das
Gewinnen und Verlieren. Alles dreht sich darum, wer recht
hat, wer ärmer ist, wer böser ist, wer mehr leistet, wer sich
mehr bemüht, wer wen enttäuscht, ... Egal, was den Streit
auslöst, am Ende ist eine bzw. einer daran augenscheinlich
schuld und der oder die andere leidet darunter.

Aber ebendiese herkömmliche, oberflächlich Betrachtung verhindert die tatsächliche Auflösung jeder Machtkampfsituation. Treten Sie daher in einem meist für beide
Seiten erleichternden Schritt bewusst aus der bekannten
und meist gut eingeübten Opfer-Täter-Zuschreibung heraus! Erforschen Sie die schwierige Situation auf Basis
der nachfolgenden Thesen und nehmen Sie Ihren eigenen
Teil des Problems in die eigene Verantwortung zurück.
Erkennen Sie das Problem von nun an als »gemeinsames
Projekt« und lösen Sie es zusammen. Denn: *Ihr Partner*
bzw. Ihre Partnerin ist niemals für Ihr Glück verantwort-
lich.

Wenn, nach der Zeit der ersten Verliebtheit, die Sorgen
des Alltags wieder die Führung übernehmen, wünschen
sich Mann und Frau oft, dass der oder die Liebste diesen
für den Moment verlorenen Zustand innerer Ganzheit und
Verbundenheit wiederherstellt. Er oder sie soll unserem
Leben einen Mittelpunkt und einen Sinn geben und dafür

sorgen, dass es uns (weiterhin so) gut geht! Sie oder er soll uns (weiterhin) glücklich machen!

Diese Anforderung kann jedoch von beiden Seiten nicht (anhaltend) erfüllt werden. Denn im Leben zweier Erwachsener ist es unerlässlich, dass beide Partner die Verantwortung für ihr Leben und zu gleichen Teilen für das gemeinsame Leben übernehmen. Nur so können beide einander auf Augenhöhe begegnen und wirklich miteinander in Verbindung kommen.

Schwierige Themen im Heute haben ihre Wurzel in prägenden Kindheitserfahrungen, gelernten Mustern und tiefgekühlten Anteilen. Kehrt ein Streitthema immer wieder und führt es häufig zu heftigen Reaktionen, dann ist der Drache im Spiel. Er bewacht eine Angst, eine Verletzung oder unerfüllte Sehnsucht im Kühlschrank und reagiert mit Schutzmustern und reaktiven Verhaltensweisen. Dabei stützt er sich auf vergangene Erlebnisse und versucht, uns vor weiteren schlechten Erfahrungen zu bewahren. Der Auslöser eines Streits kann demnach zwar im Heute und in unserem Gegenüber liegen, z.B. indem wir uns immer wieder aufs Neue verschließen, wenn unsere Partner bei einem Streit laut wird. Die wahre Ursache unserer Reaktion liegt jedoch in unserer Geschichte und wartet darauf, gesehen, verstanden und geheilt zu werden.

Nicht Ihr Gegenüber ist »böse«, sondern sein bzw. ihr Verhalten ist für Sie schwierig. Betrachten Sie Ihre Partnerin bzw. Ihren Partner nicht als Kontrahenten! Nicht er oder sie ist unleidlich oder mühsam. Nur sein bzw. ihr Verhalten ist für Sie schwierig und rührt an alte Wunden. Erinnern Sie sich: Sie haben Ihre Liebste bzw. Ihren Liebsten unbewusst so ausgewählt, weil (!) er oder sie Spezialist für Ihre bedeutenden Erfahrungen, innersten Sehnsüchte, damit aber auch für Ihre Wünsche und Ängste ist. Sie haben ihn oder sie gefunden, weil er oder sie diese dadurch mit und in Ihnen heilen kann.

Sie beide sind also keine Gegner, sondern halten füreinander vielmehr den Schlüssel zu Wachstum und
Ganzwerdung in Händen.

*Beide Partner sind in gleichem Maße für eine schwieri-
ge Beziehungssituation verantwortlich!* Wenn eine Situation
eskaliert oder sich immer wieder aufschaukelt, trifft das zugrunde liegende Ungleichgewicht stets beide Beteiligten glei-
chermaßen. Wäre es nämlich das alleinige Problem eines
Partners, dann würde der bzw. die andere deswegen in den
Streit erst gar nicht einsteigen. Er bzw. sie könnte und würde
der Bitte des oder der Geliebten einfach entsprechen. Es
wäre einfach, die Situation zu ändern oder zumindest – falls
dies nicht möglich ist – den Grund dafür ruhig und objektiv
zu klären. Das Thema würde niemals entgleiten.

*Eine anhaltende Verbesserung schwieriger Situationen
ist erst dann möglich, wenn beide Betroffenen bereit dazu
sind.* Immer wieder bemerken wir, dass Paare, obwohl sie
unter einer bestimmten Situation leiden, sich in Wirklichkeit
in dieser Situation bestens eingerichtet haben. Sie boykottieren das Verhalten, das sie selbst einfordern, da sie etwas völlig anderes brauchen. Dann ist der (meist unbewusst wahrgenommene) Nutzen, den die Situation bereithält, doch größer als der Anreiz einer Veränderung. So hat eine Frau z.B.
das bewusste Bedürfnis, dass ihr Partner ihr seine Gefühle
zeigt. Unbewusst lässt sie aber ihrem Partner, der »immer so
still ist«, durch ihr ständiges Reden gar keinen Raum, um
über sich selbst zu sprechen. Oder ein Mann beschwert sich,
dass sich seine Partnerin nie Zeit für ihn nimmt, erwartet
aber gleichzeitig jeden Tag die Erledigung einer Unmenge an
Aufgaben von ihr. Tatsächlich hat er ein Thema mit Nähe
oder ein Bedürfnis nach mehr Freiraum.

Es ist also notwendig, jede Situation stets danach zu
untersuchen, welche positiven Aspekte beide bei einer
Veränderung zu verlieren fürchten. Denn auch wenn es auf
den ersten Blick nicht immer offensichtlich ist, kann eine

problematische Beziehungskonstellation erst dann nachhaltig verändert werden, wenn beide bereit sind, ihren Anteil an der Situation anzuerkennen, zu erforschen und diesen zu verändern.

Nähern Sie sich – quasi als »Trockentraining« – in Gedanken einem Konflikt aus Ihrer Erinnerung unter diesen neuen Aspekten. Wählen Sie gemeinsam möglichst dieselbe Situation aus Ihrer gemeinsamen Vergangenheit. Achten Sie zu Beginn bitte darauf, keine fundamentale Krise, sondern eine überschaubare Konfrontation zu betrachten, wie z.B. beim Thema Ordnung die unterschiedliche Art, wie Sie beide den Geschirrspüler einräumen, falls dies manchmal ein Streitpunkt für Sie sein sollte.

Beantworten Sie zunächst für sich die untenstehenden Fragen. Fühlen Sie sich in die damalige Gegebenheit ein. Stellen Sie fest, ob sich etwas verändert (und was), wenn Sie die Situation unter diesen neuen Gesichtspunkten prüfen. Teilen Sie Ihre Erkenntnisse anschließend in einer gegenseitigen achtsamen Begegnung und erleben Sie eine erste Annäherung unter neuen Vorzeichen.

Später können Sie diese und ähnliche Fragen dann dazu verwenden, einen aktuellen Streit zu hinterfragen, neu zu verstehen und sich in einer achtsamen Begegnung anschließend darüber auszutauschen.

- Welche Streitsituation aus unserem Beziehungsleben fällt mir (dazu) ein?
- Wie war die Ausgangslage? Wie hat mein Gegenüber reagiert? Wie habe ich reagiert?
- Das Verhalten, welches mich an meinem Partner bzw. meiner Partnerin damals besonders störte, war …
- Es hat in mir ausgelöst, …
- Ich fühlte mich …
- Wenn ich mich an die letzte ähnliche Situation erinnere, dann fühle ich mich jetzt …

- So gefühlt habe ich mich auch damals, als …
- Die Situation erinnert mich (jetzt) an eine Situation aus meiner Geschichte, als ich …
- Was habe ich dazu beigetragen, dass es so gekommen ist …?
- Was hat mein Partner bzw. meine Partnerin dazu beigetragen, dass es so gekommen ist …?

Fehlende Präsenz, Störfaktoren und Mangel an Selbstwahrnehmung

Um einander und sich selbst wirklich zu begegnen, müssen Mann und Frau im Hier und Jetzt sein. Sie müssen präsent sein. Was kleine Kinder selbstverständlich leben, ist jedoch für Erwachsene keineswegs einfach. Eingebunden in eine Unzahl an Alltagsanforderungen, liegt der Fokus von Erwachsenen meist auf der Organisation jener Details, die ihr Leben ausfüllen. Loszulassen und jene Vielzahl an Eindrücken und Qualitäten wirklich zu spüren – zu leben – ist zwar eine der größten unbewussten Sehnsüchte vieler Menschen, scheint in der Realität jedoch oft völlig unmöglich.

Eine Vielzahl von Faktoren verstellt, meist völlig unbemerkt, den Zugang zu achtsam präsentem Leben. Werden wir uns jedoch bewusst, wann welche »Präsenzkiller« in unserem Leben aktiv werden, kann es gelingen, aus diesem Trott auszusteigen und Präsenzoasen (wieder) als fixen Tagesbestandteil zu verankern. Bei einem Paar ist es die tägliche bewusste Auszeit von zwei Stunden von Smartphone und Computer, bei einem anderen mindestens ein Abend in der Woche ohne Fernsehen.

Durchleuchten Sie Ihren Alltag schon während der Lektüre dieser Zeilen bitte aufmerksam, aber ohne zu bewerten. Konzentrieren Sie sich darauf, welche Faktoren Sie davon abhalten, in Ihrem Leben und Ihrer Beziehung präsent zu sein.

Der Alltagstrott mit seinen Sorgen und Verpflichtungen sägt beständig an der inneren Gelassenheit von Mann und Frau. Bei dem Versuch, allen Anforderungen gerecht zu werden, lassen sie sich durch Gedanken an die Zukunft vom Jetzt ablenken. Frei-Zeit und innere Räume der Ruhe haben keine Priorität, denn es geht darum, perfekt zu funktionieren. So verlieren die Qualität des Augenblicks, die eigenen Gefühle, Grenzen oder Bedürfnisse an Bedeutung.

Stellen Sie sich folgende Fragen zu Ihrer Selbstwahrnehmung und tauschen Sie sich anschließend miteinander darüber aus:

- Wenn ich in meiner Mitte ruhe, fühle ich mich ...
- Das erkenne ich, wenn ich ... mache/bin.
- Wenn ich aus meinem inneren Gleichgewicht falle, fühle ich mich ...
- Das passiert wenn .../Dann reagiere ich mit ...
- Aktuell fühle ich mich ...
- Aktuell beschäftigt (ängstigt) mich ...
- Um meine innere Harmonie (wieder) zu finden, brauche ich ...
- Ich fühle mich unter Druck, wenn/weil ...
- Was ich zu meinem Stress beitrage ...
- Was ich durch mein Gestresstsein verhindere ...
- Wie ich die Situation verändern könnte ...
- Was ich dazu brauche ...

Innere Konzepte, Rollenbilder

Sind die Partner so richtig im Stress, reißt die Verbindung zu den eigenen Gefühlen und Bedürfnissen ganz ab. Nun suchen sie alternative Orientierungsmöglichkeiten und finden diese in verschiedenen, von außen vorgegebenen

Rollenbildern und Konzepten. Sie spielen dann z.B. den perfekten Ehemann, die erfolgreiche Geschäftsfrau oder die heile Familie. Diese bestimmen, was gut und richtig ist. Im Alltag, auf Herzensebene und im Bett läuft alles nach einem bestimmten (übernommenen) Schema. Was nicht hineinpasst, landet im Kühlschrank.

Mann und Frau folgen oft jahrelang unbewusst ihren Rollen und vergessen dabei, wer sie wirklich sind. Es regiert nur mehr die äußere Fassade. Dann überwiegt natürlich auch im Miteinander das Bild, das beide voneinander haben. Anstatt sich tatsächlich bewusst im Jetzt zu begegnen, glauben beide, genau zu wissen, was ihr Gegenüber von ihnen erwartet, was ihn oder sie ausmacht, was er bzw. sie braucht und will.

Nehmen Sie sich ein paar Minuten ungestört Zeit und erforschen Sie auf Gedanken- und Gefühlsebene, welche Konzepte in Ihrem Leben eine Rolle spielen. Planen Sie dazu auch eine achtsame Begegnung.

- Welche Konzepte kenne ich, die meine Wahrnehmung bestimmen, wie ich leben sollte?
- Meine Mutter, mein Vater, andere bedeutende Bezugspersonen lebten …
- Wie lebe ich heute?
- Welchen Erwartungen von anderen Personen versuche ich, gerecht zu werden?
- Wie will ich leben?
- Wie glaube ich sein zu müssen, damit mein Partner bzw. meine Partnerin mich liebt?
- Was vermittelten mir meine Eltern und andere wichtige Bezugspersonen in Bezug auf Beziehung/Körperlichkeit/Sexualität bzw. Sinnlichkeit (ausgesprochen oder unausgesprochen)?
- Wie glaube ich, dass meine Beziehung aussehen *sollte*?
- Wie *will* ich meine Beziehung leben?

- Wie glaube ich, dass guter Sex aussehen *sollte*?
- Wie *will* ich Sex erleben?

Der Machtkampf als Chance

Alle Paare landen im Machtkampf. Wesentlich ist aber, wie sie damit umgehen. Es ist nämlich von entscheidender Bedeutung, dass sich beide mit den Ursachen auseinandersetzen und diese in weiterer Folge gemeinsam (!) auflösen. Oft wissen die Partner jedoch nicht, wie sie sich dem Problem konstruktiv stellen sollten, oder sie tragen die kindliche Überzeugung in sich, dass sie in der Beziehung niemals das bekommen werden, wonach sie sich sehnen. Dann frisst sich Unbehagen im gemeinsamen Leben fest. Frust und Konfrontationen machen ein Leben in Harmonie mit sich selbst und mit dem Partner unmöglich. Emotionale Verbindung wird zusehends durch Vermeidungsstrategien verhindert. Um dem nächsten Streit und dem Druck, miteinander schlafen zu müssen, zu entgehen, findet nach einiger Zeit überhaupt kein entspannter (körperlicher) Kontakt mehr statt. Dabei verlieren aber auch das grundlegende Bedürfnis, gehalten zu werden, und die Sehnsucht nach Nähe und Geborgenheit ihren Raum. Herz und Becken sind verschlossen. Die guten Qualitäten des Gegenübers verlieren an Bedeutung, während sich die unerwünschten Verhaltensweisen und Eigenschaften in den Vordergrund drängen. Der Frust und das Gefühl, allein zu sein, wachsen. Die Lebensfreude nimmt ab.

An ebendieser Stelle beschließen viele Paare, ihre gemeinsame Beziehung tatsächlich aufzulösen. Nicht selten kommt es jedoch auch vor, dass Mann und Frau sich nur emotional und körperlich voneinander trennen, aber die Beziehung nach außen aufrechtbestehen bleibt. Mann und Frau verzichten nunmehr völlig auf Zuwendung und Sex miteinander und wählen den gemeinsamen Zölibat. Jetzt wird es oft ruhig in der Beziehung. Denn wo keine Erwartungen mehr gestellt werden, können diese auch nicht enttäuscht werden. Der Kleinkrieg um Nichtigkeiten verebbt. Zwar weiß keiner vom bzw. von der anderen, wie es ihm oder ihr wirklich geht. Aber der nur mehr sehr kleine gemeinsame Erlebensbereich ermöglicht ein nach außen oft harmonisch scheinendes zweisames Leben. Es entsteht eine trügerische, einsame Ruhe, um welche das Paar von anderen, die sich vielleicht mitten in einer Machtkampfrunde befinden, nicht selten beneidet wird.

Dabei wird es im Machtkampf erst spannend. Denn wenden sich Mann und Frau ihm zu, liegt dahinter die Zeit der *Bewusstwerdung* als bedeutendstem Werkzeug im Beziehungsabenteuer. Nur wer den Machtkampf also (er)lebt und bewusst wahrnimmt, kann an diesen Reibungsflächen persönlich und gemeinsam wachsen. Das heißt, bloß wenn es hin und wieder auch (fest) kriselt, öffnet sich der Weg zu gegenseitiger tiefer Liebe und verbindender sexueller Vereinigung!

Bleiben Sie also achtsam, neugierig und aufmerksam! Schaffen Sie Raum für regelmäßige, bewusste, achtsame Begegnungen. Hilfreich kann es zu Beginn Ihrer Reise sein, wie bereits empfohlen, gemeinsam einen Imago-Paarworkshop zu besuchen. Dort erfahren Sie von ausgebildeten Paartherapeuten noch mehr über die einzelnen Mechanismen der unbewussten Phasen der Beziehungsreise und erlernen spezielle Fertigkeiten, um sich infolge selbstständig und eigenverantwortlich dem Machtkampf und seiner Auflösung stellen zu können.

Lassen Sie sich nicht entmutigen, wenn der Machtkampf nach seiner erfolgreichen Befriedung immer wiederkehrt. Selbst wenn Sie sich den aktuellen Problemen und Themen nähern und diese achtsam und konstruktiv lösen, schleicht er sich das nächste Mal von einer anderen Seite an. Wieder verbeißt er sich an ungelösten Themen Ihrer persönlichen Vergangenheit, sei es auf emotionaler oder sexueller Ebene, und löst eine Zeit der Unruhe aus.

Die gute Nachricht aber lautet: Mit jeder Runde erkennen und durchschauen Sie den Machtkampf leichter und schneller. Entscheidungen werden einfacher. Ihr Vorrat an Lösungsansätzen und -kompetenzen gedeiht. Ihre Verbindung zueinander wird tiefer. Sie wachsen und erschaffen Schritt für Schritt Ihren gemeinsamen Weg zu Liebeslust und Lebensfreude.

Die Entscheidung

Der Verstand kann uns sagen, was wir
unterlassen sollen. Aber das Herz kann
uns sagen, was wir tun müssen.

JOSEPH JOUBERT

Immer wieder geht es in der Beziehung um Begegnung
und um die konstruktive Auflösung des Machtkampfs.
Dabei startet jede neue Etappe mit einer gemeinsamen Entscheidung. Diese kann sich durch eine klare
Entscheidung für ein neues Verhalten in der Beziehung zeigen, indem z.B. *sie* ganz bewusst auf Überstunden in der
Firma verzichtet und ihre Arbeit am Wochenende nicht mit
nach Hause nimmt und *er* seine stundenlangen Radtouren
am Wochenende auf zwei Stunden reduziert. Es gilt, den
gemeinsamen Weg aktiv und bewusst zu beschreiten. Beide
müssen bereit sein, in dieselbe Richtung zu gehen, zusammen hinter die oberflächlichen Kämpfe zu blicken und die
darunterliegenden Themen aufzulösen.

Viele Paare glauben aber fälschlicherweise, dass die
Entscheidung schon getroffen wurde, allein dadurch, dass
sie zusammen sind. Eine gemeinsame Routine, gemeinsam
entwickelte Abläufe oder unbewusst angenommene Rollen
können notwendige Entscheidungen jedoch keinesfalls er-

setzen. Vielmehr verschleiern sie deren Notwendigkeit, lassen die Partnerschaft stagnieren und heizen den Machtkampf weiter an. Das gemeinsame *JA!* wird eine Illusion.

Schaffen Sie Commitment!

Unersetzliche Grundzutat für die gemeinsame Entscheidungsfindung und -umsetzung ist das *beidseitige Commitment*, das klare Bekenntnis füreinander und den gemeinsamen Weg. Fehlt es bei einem oder beiden Partnern, dann endet jeder Versuch, eine Entscheidung zu treffen, unmittelbar in der nächsten Machtkampfrunde. Dann wird bei Mann und Frau der *innere Saboteur* – wie wir diesen unbewussten Widerstand nennen – aktiv und arbeitet (meist unerkannt) gegen die Entscheidung bzw. ihre erfolgreiche Umsetzung. Dieser Saboteur versucht, den sicheren Status quo aufrecht zu erhalten und uns vor möglichen Nachteilen zu bewahren. Schlägt er zu, werden etwa Mann und Frau beim Entscheidungsprozess plötzlich von Zweifeln gelähmt, brechen Streit vom Zaun, verzetteln sich in einem Wirrwarr an Ideen oder finden Hundert gute Gründe, warum diese Entscheidung doch nicht richtig oder überhaupt wichtig ist. Vielleicht schlägt er aber auch später zu und boykottiert die Umsetzung der Entscheidung. Das zeigt sich etwa darin, dass die Partner plötzlich ganz viel zu tun bzw. keine Lust mehr auf gemeinsames Wachstum haben oder nötige Schritte einfach »vergessen«.

Es ist daher unerlässlich, dass beide Partner *vor* einer gemeinsamen Entscheidung in sich hineinhören. Nehmen Sie die auftauchenden Empfindungen wahr und ernst. Tauschen Sie sich anschließend in achtsamen Begegnungen miteinander über Ihre Gefühle, Gedanken und auch Ihre Ideen aus.

Fühlen Sie Ihrem uneingeschränkten *Ja!* nach und achten Sie auf Gefühle, Ängste, Sorgen oder Bedürfnisse, die Ihnen dabei begegnen. Stellen Sie sich folgende Fragen zu Ihrem persönlichen Commitment:

- Bin ich (auch innerlich) bereit, *mit* meinem Partner bzw. meiner Partnerin diesen Schritt zusammen zu gehen?
- Falls ich diese Frage nicht mit einem *Ja!* aus vollem Herzen beantworten kann: Was/Welches Gefühl, welcher Gedanke hindert mich daran?
- Bin ich bereit, eine Veränderung *für* meinen Partner bzw. meine Partnerin mitzutragen?
- Falls ich diese Frage nicht mit einem *Ja!* aus vollem Herzen beantworten kann: Was/Welches Gefühl, welcher Gedanke hindert mich daran?
- Habe ich das Gefühl, die Entscheidung mit meiner Partnerin bzw. meinem Partner treffen (mittragen) zu müssen, ohne dabei selbst vorzukommen? (Wenn kein Nein möglich scheint, dann ist ein *Ja!* aus vollem Herzen nicht möglich.) Inwiefern?
- Was kann ich an dieser Situation ändern?
- Was brauche ich von meinem Gegenüber, damit sich die Situation in mir ändern kann?
- Was muss zwischen uns geklärt werden, damit ich eine Entscheidung treffen kann?
- Damit ich die Entscheidung treffen kann, wünsche ich mir von *mir* ...
- Damit ich die Entscheidung treffen kann, wünsche ich mir von meinem Partner bzw. meiner Partnerin ...
- Welche Ängste, Sorgen, ... habe ich in Bezug auf die bevorstehende Änderung?
- Welche Vorteile bringt mir die aktuelle (alte) Situation?
- Welche positiven Anteile hält die neue Situation für mich bereit?

- Welche Wünsche habe ich in Bezug auf die bevorstehende Veränderung?
- Ich freue mich dabei (besonders) auf …

Entscheidungen möglich machen

Wie finden beide Partner zu ihrem Commitment und ihrem uneingeschränkten *Ja!*, wenn diese vielleicht nicht von Anfang an spürbar sind? Wie können sie innere Hindernisse, wie schwelende Alltagsverstimmungen und -kränkungen, hinter sich lassen und den Blick nach vorn, in die Zukunft, auf einen gemeinsamen Weg richten?

Dazu ist es hilfreich, zu wissen, dass das *Ja!* aus vollem Herzen aus wesentlichen Einzelbestandteilen besteht: dem *Ja!* zum Ich, dem *Ja!* zum Du und schließlich dem *Ja!* zum Wir.

Das »Ja!« zum Ich

Um wachsen zu können, bedarf es zunächst der inneren Bereitschaft, sich in seinen eigenen Bedürfnissen, Wünschen und Träumen ernst und wichtig zu nehmen. Naturgemäß muss der erste Schritt in Richtung einer gemeinsamen Veränderung also auf der Begegnung mit der Ich-Ebene liegen. Geben Sie sich daher zuallererst ganz bewusst die Erlaubnis für mehr Selbstreflexion und Selbstmitgefühl!

Gestatten Sie sich, sich mehr mit sich und all Ihren Gefühlen zu beschäftigen. Ersetzen Sie nach und nach das alltägliche Streben nach Perfektion durch mitfühlendes, achtsames Erkennen Ihrer einzigartigen Ganzheit und der liebevollen Berücksichtigung Ihrer persönlichen Grenzen. Denn es ist weder anmaßend noch unangemessen oder gar egozentrisch, sich mit der eigenen Innenwelt zu beschäftigen. Zwar widerspricht es dem allgemein vorherrschenden Leistungsgedanken, sich selbst mit liebevollen Augen zu betrachten und sich nicht Perfektion bis über das letzte Quäntchen Kraft hinaus abzuverlangen. Das Gegenteil ist aber der Fall! Denn sowohl das Verständnis der eigenen inneren Harmonie, Freude und Lebenslust als auch die Anerkennung von persönlichen Sehnsüchten und Ängsten, von Ärger, Verzweiflung oder gar Resignation und vor allem der eigenen Grenzen ermöglichen nicht nur einen gesunden Zugang zu sich selbst. Vielmehr kann nur der, der seine eigenen Gefühle wahrnimmt und achtet, auch die Gefühle anderer gleichsam verständnisvoll und respektvoll schätzen und darauf mitfühlend reagieren.

Darüber hinaus ist es nur über die Anerkennung der eigenen Grenzen möglich, zu erkennen, was als unentrinnbare Verpflichtung wahrgenommen wird. Erst durch diese veränderte Perspektive kann ein *Nein!* in übergriffigen oder überfordernden Situationen ausgesprochen und damit eine wesentliche Voraussetzung geschaffen werden, damit ein *Ja!* aus ganzem Herzen und so die innere Bereitschaft für weitere gemeinsame Schritte überhaupt entstehen kann.

Es ist also nicht nur in Ordnung, sich liebevoll mehr sich selbst und den eigenen Bedürfnissen zu widmen. Vielmehr verbessert sich die Lebensqualität für Sie und Ihr gesamtes Umfeld deutlich. Um diesen Weg zu mehr Freude, Lebenslust und Verbundenheit zu beschreiten, bedarf es aber zunächst meist einer grundlegenden Veränderung im Umgang mit sich selbst:

Nehmen Sie sich Zeit für sich und erforschen Sie regelmäßig, wie es Ihnen tatsächlich geht. Lernen Sie Ihre Empfindungen wahr- und ernst zu nehmen und setzen Sie sich damit auseinander, was Sie brauchen, um sich uneingeschränkt wohlzufühlen. Betreten Sie mutig eine neue Welt, in der Sie richtig und wichtig sind!

Erkennen Sie jeden Streit, jedes emotionale Unwohlsein als Zeichen Ihres Drachens. Nehmen Sie dieses als Geschenk wahr und wenden Sie sich bewusst den zugrunde liegenden, verborgenen Themen, Ihren Perlen und anderen Schätzen in Ihnen zu!

Wenden Sie sich immer wieder bewusst ab von Schuldzuweisungen an die andere Person und hin zur selbstbestimmten Frage: »Welchen Anteil habe ich an der Situation?« bzw. »Was habe ich damit zu tun, dass diese Situation gerade so ist?«

Bleiben Sie aufmerksam und konzentriert (präsent) im Augenblick und nehmen Sie auftauchende Erinnerungen, Bilder und Gedanken wahr und ernst!

Werden die eigenen Grenzen als solche erkannt, respektiert und nicht ahnungslos ständig überschritten, bricht der kräftezehrende, unveränderlich scheinende Alltagstrott wie von selbst auf. Es entsteht Raum für die eigenen Bedürfnisse und den persönlichen Ausdruck von Lebensfreude. Lebendigkeit und die fröhliche Bereitschaft und Fähigkeit, Großes zu schaffen, wachsen.

Diese innere Freiheit und Sicherheit ermöglichen es, liebevoll und offen auf den Partner oder die Partnerin zuzugehen und ihn bzw. sie in ihrer Eigenheit, in ihren Bedürfnissen und Wünschen wahrzunehmen. Erst diese Grundeinstellung verändert ein *Ja, aber* in ein uneingeschränktes *Ja!* zum Ich und eröffnet so den Weg zum gemeinsamen Abenteuer.

Das »Ja!« zum Du

Mit der inneren Bereitschaft, sich selbst den nötigen Raum zu geben, und der Anerkennung der eigenen Bedürfnisse, Wünsche und Träume können Mann und Frau nun beginnen, auch ihr Gegenüber (wieder) als wichtig und vor allem richtig wahrzunehmen. So wird es möglich, sich dem bzw. der Liebsten aufmerksam und achtsam zuzuwenden und ihm oder ihr offen, präsent und wertschätzend zu begegnen.

Bauen Sie gegenseitige *Wertschätzungen* als *fixen Bestandteil* in Ihr Beziehungsleben ein.

Planen Sie in *regelmäßigen* Abständen gemeinsame *achtsame Begegnungen*, bei denen Sie sich über auftauchende Gefühle und Gedanken austauschen. Lassen Sie ihn bzw. sie teilhaben an Ihrer inneren Forschungsreise zu Ihrem wahren Ich!

Öffnen Sie sich Schritt für Schritt und zeigen Sie sich auch in Ihrem Zweifel, in Ihren Ängsten und Sorgen. *Muten Sie sich selbst und einander Ihre verletzliche Seite zu* und erkennen Sie das dadurch entstehende gegenseitige Gefühl des Vertrauens und der Verbundenheit.

Vergessen Sie immer wieder aufs Neue, was Sie bereits voneinander und dem gemeinsamen Leben zu wissen glauben. Entlassen Sie Ihre Liebste bzw. Ihren Liebsten aus allen Schubladen und stellen Sie alte Bilder voneinander auf die Seite. Nehmen Sie Ihr Gegenüber präsent auch im Alltag tatsächlich im Jetzt wahr und erkennen Sie in ihm bzw. ihr den Menschen, der tatsächlich vor Ihnen steht – in all seinen Widersprüchen, seiner Andersartigkeit und seiner Schönheit. Durch diesen offenen Geist im Hier und Jetzt wird Veränderung möglich!

Das »Ja!« zum Wir

Nehmen Mann und Frau ihre persönlichen Empfindungen wahr und ernst und stehen sie ihrem oder ihrer Liebsten wertschätzend und präsent gegenüber, tritt meist automatisch eine Verbindung auf Herzensebene zwischen den Partnern ein. Nun kann auch die gemeinsame Bereitschaft erblühen, zusammen weiterzugehen und als Paar zu wachsen.

Um sich ganz klar zum gemeinsamen *Wir* zu bekennen, müssen beide zunächst erforschen, wodurch sie bisher diesem *Wir* entkommen sind. Welche Fluchtmöglichkeiten haben sie bisher genutzt, um der unbefriedigenden Situation zu entgehen? Wodurch sind sie Nähe und Begegnung ausgewichen? Hatten sie etwa in letzter Zeit besonders wenig Zeit für gemeinsame Momente? Waren sie ständig im Stress? Waren beide eventuell zu sehr mit Kindern, Projekten oder Ähnlichem beschäftigt? Waren sie vielleicht immer besonders dann müde, wenn die Möglichkeit bestanden hätte, zweisame Zeit zu verbringen? Oder brach dann zuverlässig Streit aus?

Ebendiese Werkzeuge Ihres inneren Saboteurs gilt es, als Fluchtwege zu erkennen, zu erforschen und zu schließen. Dann erst bleibt die Energie *in* der Beziehung. Dann erst wird aus der grundsätzlich vorhandenen Bereitschaft für das gemeinsame Abenteuer ein wirkliches Commitment für den nächsten Schritt der gemeinsamen Reise.

Spüren Sie in sich hinein! Suchen Sie immer wieder Kontakt zu Ihrem inneren Saboteur und hinterfragen Sie ausführlich Ihre gemeinsam vereinbarte Selbstverpflichtung. Nehmen Sie auftauchende Gefühle und Gedanken wahr und geben Sie diesen Raum. Durchleuchten Sie aufmerksam, was Sie brauchen, um auf Ihre gewohnten Auswege zu verzichten. Teilen Sie sich anschließend in einer achtsamen Begegnung einander mit. Bleiben Sie auch in diesem vielleicht schwierigen Punkt in Verbindung und unterstützen Sie einander liebevoll.

Übung 1 – Begegnung: Exits schließen

Nehmen Sie sich beide eine halbe Stunde Zeit und ziehen Sie sich an einen ruhigen Ort zurück, an dem Sie ungestört sind. Lassen Sie sich dann folgende Satzanfänge durch den Kopf gehen und beantworten Sie diese vorerst nur für sich. Vereinbaren Sie dann im zweiten Schritt einen Termin mit Ihrer Partnerin/Ihrem Partner, um sich in einer achtsamen Begegnung auszutauschen:

- Welche Gründe/Ausreden/Strategien verwende ich normalerweise, um dir nicht nahe zu sein?
- Ich mache das, weil oder wenn ich fühle, dass ...
- Ich mache das, weil ich Angst habe, dass ...
- Welcher Situation/Welchem Gefühl in mir und mit meinem Partner, meiner Partnerin kann ich dadurch entkommen?
- Woran erinnert mich mein Verhalten/erinnern mich meine Gefühle aus der Vergangenheit?
- Ich müsste dafür folgende Exits schließen ...
- Wie werde ich das umsetzen?
- Wenn ich diese Ausgänge schließe, würde sich, glaube ich, unsere Beziehungsqualität so verändern ...
- Das wäre schön, weil ...
- Dabei macht mir Angst, dass ...
- Was ich dafür entwickeln/lernen darf, damit ich mehr Nähe mit meinem Partner/meiner Partnerin leben kann ...

Commitment formulieren (wählen Sie einen Satzanfang oder Ihr eigenes Commitment):

- Wenn ich mich dabei ertappe, dass ich Nähe mit dir vermeide, werde ich in Zukunft ...
- Ich möchte ab jetzt mit dir in Begegnung kommen, indem ich (z.B. einmal wöchentlich) ...
- Den ersten Impuls möchte ich am ... setzen.

Auf Kurs bleiben

Je besser etwaige Vorbehalte ausgeräumt wurden, desto klarer werden Ihre Zustimmung und Ihr Commitment. Sie werden dann vielleicht Tätigkeiten und Verhaltensweisen reduzieren oder aufgeben, die vorher Energie aus Ihrer Beziehung absorbiert haben. Wie z.B. übermäßige Arbeit in ehrenamtlichen Positionen oder einen zu hohen Anspruch an Ordnung und Sauberkeit in Ihrem Heim, weil Sie mehr Zeit mit Ihrer liebsten Person verbringen wollen. Spüren Sie schließlich durch die Erkenntnis über die inneren und äußeren Zusammenhänge Ihrer Fluchtwege Ihre innere Freude und Ihr *Ja! zu einer bewussten Form Ihres Zusammenseins*, dann treffen Sie gemeinsam die Entscheidung. Diese können Sie vielleicht durch ein kleines Ritual nochmals verstärken bzw. feiern: Sie haben sich nun für eine neue Form des Miteinanders entschieden!

Seien Sie sich allerdings bewusst, dass es niemals um *die eine* Entscheidung geht. Beziehung ist als Abenteuerreise ein Prozess. Unsere Entscheidungen sind die großen und kleinen Weggabelungen darin. Immer wieder gibt es also neue gemeinsame Entscheidungen. Immer wieder müssen alte Bilder von sich und einander sowie Gewohnheiten hinterfragt und losgelassen werden. Immer wieder müssen beide den Mut finden, sich einander und dem Neuen und Unbekannten hinzugeben. Immer wieder muss der innere Saboteur erkannt, Ausweichmöglichkeiten geschlossen, Wesensanteile aus dem Kühlschrank befreit und neues Commitment für den gemeinsamen Weg gefunden werden.

Dabei verläuft dieser Prozess nicht linear, sondern in natürlichen Auf und Abs, in Schleifen, Wellen und Loopings. Verzweifeln Sie jedoch nicht, wenn der Alltag Sie zwischendurch wieder aus dem siebten Himmel Ihres gemeinsamen Abenteuers holt, und Sie in alte Muster bzw. die nächste Machtkampfrunde zurückfallen. In jeder Beziehung melden sich immer wieder alte Zweifel. Der Alltag oder neue Hindernisse türmen sich auf. Der Weg zueinander und zu

Ihren Zielen scheint versperrt, Ihr Entwicklungspfad unwiederbringlich im Dickicht verloren. Tatsächlich ist es jedoch mithilfe einiger einfacher Grundregeln viel einfacher auf Kurs zu bleiben, als Sie vielleicht ahnen:

Achten Sie auf Ihr inneres Gleichgewicht im Ich: Nehmen Sie sich in Ihren Bedürfnissen, Sorgen und Wünschen wahr und schaffen Sie sich Raum für kleine Begegnungsrituale mit sich selbst. So bleiben Sie mit sich selbst in Verbindung und erkennen schneller, wenn sich ein *Ja!* in ein *Na ja* verwandelt. Bauen Sie individuelle Wohlfühloasen für sich selbst in den Alltag ein.

Bleiben Sie in Begegnung und in Verbindung: Organisieren Sie gerade im alltäglichen Trott Zeitfenster für gemeinsame Begegnung. Führen Sie immer wieder Gespräche über Ihre Gefühle und Gedanken zu Ihrer persönlichen und gemeinsamen Reise. Tauschen Sie sich über neue Ideen aus, wohin sich Ihr Abenteuer entwickeln könnte. So sorgen Sie dafür, dass Sie in Verbindung bleiben und der Weg zueinander offen bleibt.

Fokus auf das Positive: Achten Sie darauf, wie Sie Schwierigkeiten in Ihrem Leben grundsätzlich wahrnehmen. Machen Sie sich stets erneut bewusst, dass Sie Probleme, statt als niederschmetternde Rückschläge, auch als *Herausforderungen* ansehen können, welche als Chancen Ihrem Leben eine Entwicklungsrichtung geben. Je positiver Ihre Grundeinstellung ist, desto leichter werden Sie zu Ihrem *Ja!* finden.

Definieren Sie Einzelschritte und Termine: Ist einmal eine Entscheidung getroffen, muss diese klar und eindeutig formuliert werden. Definieren Sie nun sowohl genau umrissene Einzelschritte als auch verbindliche Termine zur Umsetzung. Klären Sie, wer wofür in welchem Ausmaß verantwortlich ist. Nehmen Sie sich die Zeit, dies auch schriftlich festzulegen, damit Sie Ihre Entscheidungen immer wieder abrufen können und Ihre Ziele ganz klar vor Augen haben.

Schätzen und feiern Sie Zwischenerfolge: Feiern Sie auch kleine geschaffte Etappen mit eigens dafür entwickelten Ritualen oder spontanen Festen wie z.b. einem köstlichen Picknick an Ihrem Lieblingsort im Wald oder einem gemeinsamen Bad bei Kerzenschein und Rotwein. Betrachten Sie regelmäßig, was Sie alles bereits erreicht haben. So wächst das Positive in Ihrem Leben, während etwaige Komplikationen Ihre Bedeutung verlieren. Sie werden sich schneller von kleinen Rückschlägen erholen und Ihre Entschlossenheit, Ihr Mut sowie Ihre Zuversicht können erblühen.

Die Entdeckung der bewussten Liebe

Das Geheimnis der Veränderung ist, all unsere Energie darauf zu lenken, nicht das Alte zu bekämpfen, sondern das Neue aufzubauen.

SOKRATES

Der Anfang ist geschafft! Nun stehen Sie in den Startlöchern für den aktiven und körperlichen Teil Ihrer Liebesreise und machen sich auf den Weg zu Neuem, Unbekanntem, zu Ihrem Potenzial und dem Ihrer Beziehung.

Bevor Sie losgehen, möchten wir Sie ermuntern, nochmals Ihre Ausrüstung zu kontrollieren. Denn zwei Qualitäten dürfen auf Ihrer Reise nicht fehlen:

Achtsamer Forschergeist – Holen Sie Ihre Neugierde auf alles, was das Leben zu bieten hat, aus Ihrem inneren Exil hervor und bereiten Sie sich darauf vor, einen bisher unbekannten Weg zu betreten. Lassen Sie alles los, was Sie vom jeweils anderen und von der gemeinsamen Beziehung bereits zu wissen glauben! Stellen Sie sich vor, Sie tauchen in eine Welt ein, in der die Vergangenheit keine Macht besitzt. Erkunden Sie achtsam staunend das sich vor Ihnen ausbreitende Abenteuer mit all seinen Möglichkeiten und lassen Sie sich überraschen, zu welchem gemeinsamen Ziel Sie Ihr Weg führen wird.

Mut des Abenteurers bzw. der Abenteurerin – Dabei geht es nicht um eine auffallende, laute und öffentlich bewunderte Form des Mutes. Vielmehr braucht es den stillen, von außen oft unbemerkten Mut, sich Ihrem eigenen Leben und Ihrer Beziehung zu stellen: Entsagen Sie Ihrer Bequemlichkeit und treten Sie aus Ihrer Wohlfühlzone heraus. Öffnen Sie sich für Neues und freuen Sie sich über unerwartete Wendungen, die Ihr Leben und Ihre Liebe spannend machen. So wissen Sie zwar nicht schon vor jedem Schritt, wie das Ergebnis aussehen wird, dafür bereichern neue Erfahrungen und Möglichkeiten Ihr Leben und Ihre Beziehung.

Lassen Sie sich außerdem nicht davon entmutigen, dass die Aufgabe vielleicht noch zu groß, unüberschaubar oder gar unlösbar scheinen mag. Fassen Sie sich immer wieder ein Herz. Bleiben Sie bei sich und vertrauen Sie darauf, dass dann, wenn es für Sie passt, sich ein neues Puzzleteilchen von selbst offenbart. Nutzen Sie Neugierde und Mut als Treibstoff für die vielen Entscheidungen, die Ihr Abenteuer prägen werden. Und behalten Sie in Erinnerung, dass der Weg zu uneingeschränkter Lebendigkeit über Offenheit, Mitgefühl, Vertrauen, Präsenz und Hingabe führt.

Selbstliebe – Begegnung mit dem Ich

Vielleicht scheint es zunächst nicht ganz logisch, dass der Weg zu erfüllender und emotionaler Verbindung mit dem oder der Liebsten bei der liebevollen Verbindung mit sich beginnt. Wir können aber ein Leben voller Kraft und Energie nur führen, wenn wir unsere Grenzen erkennen und wahren. Dann fühlen wir uns frei, *Ja!* zu sagen, und nehmen Kontakt zu unserer uns innewohnenden Lebensfreude auf. Diese Harmonie im Inneren ermöglicht, dass wir uns sicher und geborgen fühlen. Wir können mitfühlen, uns öffnen und hingeben, miteinander erwachen und erblühen.

Rucksack und Kühlschrank

Warum aber haben wir nicht alle ohnehin uneingeschränkten Zugang zu unserer Kraft und Freude?

Wir tragen alle einen imaginären *Rucksack* mit uns herum. Darin befinden sich unsere gesamten schönen wie schmerzhaften Erfahrungen, die wir seit unserer Zeugung gesammelt haben. Diese prägen unbewusst unsere Handlungen, Reaktionen und Entscheidungen und lassen unseren Rucksack mit den Jahren immer größer und schwerer werden.

Dabei beeinflussen uns die ersten Jahre als Baby und Kleinkind in besonderem Maße. Denn Babys orientieren sich an dem Wertesystem jener Personen, von denen sie abhängig sind, damit sie sich sicher, geliebt und umsorgt fühlen können. Durch häufige Wiederholungen spezieller Verhaltensweisen bzw. Sätze erlernen sie sehr rasch, gewünschtes Verhalten von unerwünschtem Verhalten zu unterscheiden. Dabei verinnerlichen sie unbewusst einerseits die vielen positiven Verstärkungen *(»Du schaffst das!«, »Du bist so gescheit!«, »Du bist so tapfer!«, …)* und stärken dadurch jene Fähigkeiten und Eigenschaften, die damit verknüpft sind.

Andererseits reagieren sie aber instinktiv auch auf negative Aussagen *(»Lass das, das kannst du nicht!«, »Frag nicht so viel!«, »Pfui!«, »Was gibt es da zu lachen?«, …).* Unerwünschte Wesensanteile werden Schritt für Schritt abgespalten und tief in unserem imaginären, inneren *Kühlschrank* vergraben. So wird die zu Beginn vorhandene ursprüngliche Ganzheit jedes Kindes nachhaltig beeinflusst und geformt.

Diese Verbannung ungeliebter Eigenschaften in den Kühlschrank schwächt uns gleich mehrfach. Je länger wir diese Anteile anhaltend tiefkühlen und sie vor uns und der Welt verstecken, umso mehr Energie müssen wir aufwenden, damit uns das gelingt. Wir müssen uns ständig von der inneren Sehnsucht nach diesen Wesenselementen ablenken, sie aus unseren Gedanken verbannen.

Je ausdauernder wir außerdem unsere nicht erwünschten Teile in unserem imaginären Kühlschrank verbergen, umso weniger wissen wir selbst, dass es diese Anteile in uns überhaupt gibt. Weil wir dadurch kein Bewusstsein entwickeln, dass wir in unserer Gesamtheit gut und richtig sind. Dadurch brauchen wir Bestätigung von außen, dass wir liebenswert und wertvoll sind. Das verstärkt den Druck, besonders gut, brav und perfekt zu sein. Hier beißt sich die Katze in den Schwanz: Um diese Bestätigung zu bekommen, werden wir taub für eigene Grenzen und Bedürfnisse. Vielmehr passen wir unser Verhalten konsequent an die Anforderungen unseres Umfeldes an und tun, was von uns verlangt wird. So füttern wir auch im Erwachsenenalter unseren Kühlschrank mit weiteren Wesensanteilen, von denen wir glauben, dass sie nicht erwünscht sind. Wir hören z.B. nicht auf unser persönliches Bedürfnis nach Schlaf oder Rückzug und funktionieren einfach weiter, weil wir befürchten, sonst nicht mehr geschätzt zu werden, wenn wir »Schwäche« zeigen. Unsere Persönlichkeit wird immer eindimensionaler. So muss noch mehr Kraft und Energie bereitgestellt werden, um die Anteile tiefgekühlt zu konservieren. Um nicht ständig an diese weggesperrten Sehnsüchte und Wünsche erinnert zu werden, verkümmern Selbstwahrnehmung und Selbstmitgefühl zunehmend. Immer weniger leben wir, was wir eigentlich leben wollen. Mehr und mehr Lob und Bestätigung brauchen wir von außen. Weitere Persönlichkeitsanteile werden geopfert und füllen den Kühlschrank, um geliebt und gesehen zu werden.

Fragen Sie sich, was in Ihrem emotionalen Kühlschrank aufbewahrt ist:

- Botschaften, die ich in meiner Kindheit immer wieder gehört habe, lauten ...
- Sie lösen heute in mir aus, dass ...
- Verwende ich diese Botschaften heute selbst für mich oder meinen Partner bzw. meine Partnerin?
- In welchen Situationen?
- Folgende Eigenschaften und Fähigkeiten wurden in meiner Kindheit gefördert: ...
- (Wie) Lebe ich diese heute selbst?
- (Wie) Würde ich diese gerne leben?
- Folgende Eigenschaften und Fähigkeiten wurden an mir nicht geschätzt:
- (Wie) Lebe ich diese heute selbst?
- (Wie) Würde ich diese gerne leben?
- Welche Eigenschaften und Fähigkeiten wurden mir vorgelebt?
- (Wie) Lebe ich diese heute selbst?
- (Wie) Würde ich diese gerne leben?
- Welche Eigenschaften und Fähigkeiten waren in meinem unmittelbaren Umfeld tabu?
- (Wie) Lebe ich diese heute selbst?
- (Wie) Würde ich diese gerne leben?

Der Schlüssel zum Schatz

Im Kühlschrank verschollene Wesensanteile und prägende Kindheitserfahrungen sehen wir nicht als Last an, die wir durch unser Leben schleppen müssen. Vielmehr wissen wir, dass es sich auch dabei um einen Teil unseres inneren Schatzes handelt, der uns begleitet und uns den Weg zu unseren Potenzialen und dem Lebens- und Liebesglück zeigt. Denn wie jedes in diesem Schatz verborgene Gefühl, lebt auch in diesen Kostbarkeiten die Chance auf Heilung und Ganzwerdung. Sie ermöglichen Verbindung mit uns selbst, unseren Liebsten und dem Leben. Werden sie achtsam und liebevoll ans Licht geholt, werden Offenheit und Verbundenheit einfach und bereiten den Weg für hingebungsvolle Beziehung und Sexualität.

Im Alltagstrott legen Mann und Frau jedoch ihre Aufmerksamkeit auf das Funktionieren im Außen. Zu sehr fordert der Alltag. Zu sehr bestimmen eingelernte Abläufe oder Muster das Leben. Der Schlüssel zu innerer Ganzheit, zum geheimen Schatz mit seiner Vielzahl an Perlen, ist jedoch die Hingabe an den Moment in liebevoll achtsamer Präsenz. Erst diese Zuwendung zum Hier und Jetzt macht es möglich, innezuhalten, zu spüren, von welchen Gefühlen und Gedanken der Augenblick tatsächlich getragen ist. Zukunftssorgen und Erinnerungen verlieren für den Moment ihre Bedeutung. Unbewusste (Verhaltens-)Muster werden sichtbar.

In diesen Augenblicken wird es möglich, sich von starren Lebenskonzepten zu befreien. Denn wenn wir achtsam und präsent leben, erkennen wir, wo unsere Stärken liegen. Wir können unser Leben nach diesen ausrichten und sie leben. Bisher verborgene Möglichkeiten tauchen aus dem Nebel unserer Unbewusstheit und werden greifbar. Wir gestalten und entwickeln unser Leben nach unseren Vorstellungen und leben auch in unserer Beziehung, was uns wirklich ausmacht. So gestärkt können wir uns vertrauensvoll der wachsenden Lebensfreude und kraftvollen Lebendigkeit hingeben. Innere Ausgeglichenheit und Gelassenheit bereichern jetzt unseren Alltag und werden zu verlässlichen Begleitern.

Verzagen Sie nicht, wenn Ihr Alltag noch anders aussieht. Denn Präsenz können Sie lernen. Durchforsten Sie im ersten Schritt Ihren Alltag nach möglichen Präsenzfenstern. Lassen Sie sich von unseren Inseln der Präsenz inspirieren und finden Sie ganz persönliche tägliche (!) Präsenzrituale.

Folgen Sie bei jeder Übung Ihrem tiefen, entspannten Atem und nutzen Sie ihn als Werkzeug für Ihre Achtsamkeit und Aufmerksamkeit.

Übung – Inseln der Präsenz

Es gibt unzählige Möglichkeiten, Augenblicke voller Präsenz zu erleben. Nehmen Sie sich etwa ein immer wieder auftretendes Alltagsgeräusch (Handyklingeln, das Klingeln der Straßenbahn oder die Türglocke) zum Anlass, kurz innezuhalten und einen tiefen Atemzug zu nehmen, bevor Sie wieder in das Alltagsgeschehen eintauchen.

Oder nutzen Sie auftretende Pausen in Ihrem Tag, wie z.B. das Warten auf den Bus, um sich mit Ihrem Körper zu verbinden. Spüren Sie bei einem Atemzug, welche Bereiche Ihres Körpers sich gerade gut anfühlen. Erkunden Sie bei einem Atemzug, welche Zonen in diesem Moment angespannt sind. Beim nächsten Einatmen könnten Sie die Anspannung bewusst verstärken und diese dann mit dem Ausatmen loslassen. Achten Sie darauf, ob sich etwas in Ihnen verändert und wenden Sie sich anschließend wieder Ihrem Alltag zu.

Vielleicht wandeln Sie auch den Weg zum Büro in ein kleines Präsenzabenteuer. Riechen Sie zum Beispiel bewusst an den Rosen im Nachbargarten. Lauschen Sie aufmerksam dem Gezwitscher der Vögel oder dem Vorbeirauschen der Straßenbahn. Spüren Sie die Sonnenstrahlen auf Ihrer Haut und die Lebendigkeit oder Müdigkeit in Ihrem Körper.

Achten Sie darüber hinaus darauf, bei möglichst vielen Gelegenheiten aus Ihrer unbewussten Alltagsroutine aufzutauchen. Wählen Sie etwa jeden Tag einen anderen Nachhauseweg, gehen Sie an unterschiedlichen Orten einkaufen oder mittags essen. So fällt es Ihnen sicherlich leichter, achtsam und aufmerksam Ihren Körper und Ihre Umwelt im aktuellen Augenblick wahrzunehmen.

Dem Drachen begegnen

Auf Ihrer Suche nach gelassener Präsenz, innerer Ganzheit und entspannter Hingabe haben Sie glücklicherweise Ihren inneren *Drachen* als verlässlichen Führer an Ihrer Seite. Er ist der Hüter Ihres inneren Schatzes und bewacht jede vergrabene Kostbarkeit voller Inbrunst. Dieses Bild verwendete Rainer Maria Rilke in seinen Worten: »Unsere Ängste sind wie Drachen, die in unseren Herzen die größten Schätze bewachen.« Folgen und stellen Sie sich also Ihren Ängsten, so sind Sie unterwegs auf dem Weg zu Ihrer größtmöglichen Entfaltung. Denn dadurch erobern Sie sich wichtige Teile Ihres Potenzials zurück. Verlässlich gibt Ihr Drache Bescheid, wenn ein *wirklich wichtiger Teil Ihrer verlorenen Ganzheit* im Spiel ist, den Sie vor sich selbst verstecken. Dann aktiviert er blitzschnell Ängste, welche sich als Abwehr- und Schutzmuster zeigen. Denn so werden Sie einerseits nicht verletzt, andererseits spüren Sie aber auch nicht, was Sie gerade *wirklich* bewegt und was Sie tatsächlich leben möchten. Ihre Verletzlichkeit und Ihr Potenzial bleiben hinter den oberflächlichen Reaktionen verborgen.

Fassen Sie also Mut, atmen Sie tief ein und aus und folgen Sie Ihrem Wächter zu all dem, was wirklich hinter Ihren oberflächlichen Reaktionen steht. Lassen Sie die Kontrolle über jeden Moment Ihres Lebens los. Nehmen Sie sich Zeit, wahrzunehmen, was da ist, und gestatten Sie sich, all das wirklich zu spüren. Vertrauen Sie den in Ihnen auftauchenden Gedanken, Gefühlen und Bildern und wenden Sie sich diesen zu. Jetzt ist es möglich, einen Schritt tiefer zu gehen, Ihre Empfindungen wahrzunehmen und in weiterer Folge auch zu formulieren. Durch diese neue Achtsamkeit mit sich selbst entstehen Oasen der Selbstachtung und Selbstwertschätzung in Ihrem Alltag. So schaffen Sie die Basis für Öffnung und Verbindung mit sich selbst und Ihrem bzw. Ihrer Liebsten. Denn Mitgefühl und gegenseitige Wertschätzung entstehen, wenn Sie und Ihr Partner oder

Ihre Partnerin von Ihren Ängsten und Wünschen wissen und Sie beide diese verstehen können.

Stefan erzählt: dem Drachen begegnen

In den ersten Jahren unserer Beziehung hatte ich das Gefühl, zu wenig Zeit für mich, für Sport, für Spiel, Lebensfreude und Zeit mit meinen Kindern und Elisabeth zu haben. Meine Arbeit, die familiären und sonstigen Verpflichtungen ließen mir keinen Raum, diese für mich so wesentlichen Bedürfnisse im Alltag zu leben. Ich wurde gereizt und öfter unleidlich. Mein unbewusstes inneres Nein! wuchs. Ich konnte mich seltener wirklich präsent meiner Familie und besonders Elisabeth öffnen, was auch unsere Beziehung auf eine Probe stellte. Ich erzählte ihr immer weniger von meinen Sorgen und Wünschen und zog mich innerlich von ihr zurück.

Irgendwann schlichen sich untertags quälende Rückenschmerzen ein. Ich ließ mich untersuchen, es stellte sich aber heraus, dass diese keine körperlichen Ursachen hatten. Dann bemerkte ich bei genauerer Analyse, dass ich nur bei Zeitdruck Schmerzen hatte. Sobald ich mich entspannte, klettern ging oder mich anderweitig auspowerte, lösten sie sich völlig auf.

Die Rückenschmerzen waren ein Signal meines Körpers. Der Drache war erwacht, grummelte und grollte und ich machte mich – zunächst zögerlich – auf den Weg, ihm zu begegnen.

Als ich in mich hineinhörte, erhielt ich die klare Botschaft, dass ich etwas ändern musste! Auf den ersten Blick schien jedoch alles unveränderbar und festgefahren. Klar war, ich arbeitete zu viel. Ich hatte mir mehr und mehr Projekte aufgeladen, hatte viel zu viele Seminaranfragen angenommen und viel mehr Zeit mit beruflichen Dingen zugepflastert, als eigentlich nötig war. Obwohl mein

Kopf mir signalisierte, dass die Situation ohnehin nicht änderbar und jeder Veränderungswunsch daher illusorisch wäre, blieb ich dran.

Warum arbeitete ich also so viel?

Ich musste ja arbeiten – musste Geld verdienen – musste meine Leistung erbringen!

An diesem Punkt erkannte ich, dass mich eine Angst antrieb, beruflich zu versagen, meinen Job nicht gut genug zu machen – eben nicht die Leistung zu erbringen, die von mir erwartet wurde. Ich tauchte tiefer in diese Angst ein und mir wurde klar, dass ich von Kindheit an für gute und viel Leistung belohnt worden war. Meiner Erfahrung nach bekam ich also für Leistung Liebe und Zuneigung!

Nach dieser Erkenntnis begann ich, Schritt für Schritt meine Arbeitseinstellung in verschiedenen Lebenssituationen zu hinterfragen. Überall stieß ich auf dieses Leistungsdiktat.

Nachdem ich allmählich zu einem bewussteren Umgang damit gefunden hatte, entschied ich mich in einem nächsten Schritt, es loszulassen und durch ein neues Erleben zu ersetzen. Allein und auch in Gesprächen mit Elisabeth machte ich mir bewusst, was ich eigentlich wollte und brauchte: »Was tut mir gut?« Ich gab meinem Bedürfnis nach mehr Sport, Lebensfreude und Zeit mehr Gewicht und achtete darauf, dass ich mir diesen Raum auch tatsächlich gönnte. Ich schuf mir ganz bewusst immer wieder Zeitinseln für Sport, Spiel, Beziehung und Familie, ganz ohne Leistungsziel.

Ich erkannte, wenn ich so in mir selbst ruhe, wenn ich liebevoll mit mir bin, dann bin ich fröhlich und lebendig, dann kann ich lieben und bin selbst liebenswert! Schritt für Schritt konnte ich so mein inneres »Leistung = Liebe«-Konzept auflösen.

Inspiriert durch den nun wieder verstärkten Kontakt

und Austausch mit Elisabeth, mit Freunden und meiner Familie, konnte ich nachhaltig anerkennen: »Ich bin auch liebenswert, wenn ich nicht unendlich viel leiste!« Freude, Sport und Spiel haben heute die gleiche Wichtigkeit und Bedeutung wie Arbeit, Leistung und Verpflichtung. Immer noch arbeite ich gerne, aber Leistung und Liebe haben nichts mehr miteinander zu tun.

Laufen Sie nicht mehr vor Ihrem Drachen davon! Wenden Sie sich ihm zu und lernen Sie ihn kennen! Versuchen Sie es zunächst aus einiger Distanz, aus einer friedlichen Situation heraus, in der Ihr Wächter nicht direkt aktiv ist: Erinnern Sie sich an eine Situation, als Ihr Drache aktiv wurde, und stellen Sie sich den Fragen weiter unten. Üben Sie sich darin, auftauchende Gedanken, Bilder und Gefühle tatsächlich wertungsfrei wahrzunehmen! Versuchen Sie, nicht dagegen anzukämpfen, und lernen Sie, sich selbst zu vertrauen! Ihre Geschichte ist implizit (im Körper) und explizit (im Gehirn) in Ihnen gespeichert. Ihr Körpergedächtnis und Ihre gedanklichen Erinnerungen versorgen Sie verlässlich mit Informationen und Hinweisen. Erkennen Sie Stück um Stück, welche Gefühle wodurch in Ihnen wachgerufen werden. Schenken Sie *allem,* was da kommt, mitfühlend Anerkennung und erfahren Sie dabei *jeden* Teil Ihrer Geschichte als gleichwertig. Denn *jede* Ihrer Facetten ist bedeutsam und hat Sie in Summe zu eben jenem Menschen gemacht, der Sie heute sind.

Stellen Sie sich folgende Fragen:
- Wie und warum hat sich mein Drache zuletzt bemerkbar gemacht?
- Wie habe ich reagiert? War meine Reaktion dem Anlass angemessen?
- In diesem Augenblick fühlte ich mich …

- Das erinnert mich an eine Situation, als ich ...
- Welches Gefühl, welche Sehnsucht, welche Angst oder welches Bedürfnis von mir möchte an dieser Stelle gesehen und gefühlt werden?
- Welche Angst wird mir dadurch bewusst?
- (Wo in meinem Körper) Kann ich das Gefühl wahrnehmen?
- Falls ja, wie fühlt es sich an? Hat es eine Form? Eine Farbe? Eine besondere Qualität?
- Falls nicht, warum nicht?
- Kann ich dieses Gefühl zulassen?
- Falls ja, wie fühlt sich das an? Falls nicht, warum nicht?
- Was brauche ich, damit ich es annehmen und wertschätzen kann?
- Kann ich (aktuell) dieses Gefühl in meinem Leben zulassen? Hat es in meinem Leben eine Berechtigung und einen Platz? Falls ja, in welcher Form? Falls nein, warum nicht?
- Was braucht dieses Gefühl von mir? Wie kann ich diesem Gefühl geben, was es braucht?
- (Wie) Kann mir jemand (Partner, Partnerin, Freunde, ...) dabei helfen?
- Was brauche ich, damit ich dieses Gefühl, diese Sehnsucht, diese Angst oder dieses Bedürfnis aktiv in mein Leben integrieren kann?

Viel ist schon geschafft, indem Sie die Entscheidung gefasst haben, aus Ihren bekannten Mustern auszusteigen und sich selbst *liebevoll* gegenüberzutreten! Bei jeder Begegnung mit Ihrem Drachen werden Sie schneller erkennen, wie er sich bemerkbar macht. Werten Sie sich selbst und Ihre Bedürfnisse ab? Werden Sie etwa plötzlich und unerwartet schlecht gelaunt, verschlossen, müde, aggressiv, höhnisch oder krank? Verfallen Sie in Aktionismus und erledigen Tausend Dinge gleichzeitig? Stürzen Sie sich in die Arbeit, in Shopping- oder Naschorgien? Fühlen Sie sich vor Zweifel und Angst wie gelähmt? Versuchen Sie der Realität zu entkommen, indem Sie sich hinter zahlreichen Terminen, vorgeschobenen Pflichten oder in Zeitungen, Büchern, Fernsehen oder im Computer vergraben? Bleiben Sie aufmerksam. Blicken Sie liebevoll hinter diese Fluchtstrategien und wenden Sie sich couragiert den darunter verborgenen Gefühlen zu.

Machen Sie sich außerdem bereit, Ihrer Angst zu begegnen. Denn eine bunte Vielzahl möglicher Ängste steht bereit, Sie davon abzuhalten, sich Ihrer Geschichte und Ihren Gefühlen ernsthaft zu nähern. Vielleicht spukt in Ihnen die Angst vor Veränderung. Möglicherweise geht es um die Furcht, sich zu wichtig zu nehmen oder nicht gut genug zu sein. Oder Sie sorgen sich, nicht mehr geliebt zu werden, wenn Sie sich anders verhalten als bisher. Besonders häufig werden Schatzsucher aber von der Furcht vor dem Ungewissen abgehalten, sich aus dem aktuellen Zustand zu lösen.

Drehen Sie auch jetzt nicht um! Atmen Sie tief durch und gehen Sie, von Ihrer natürlichen Neugier und Ihrem Mut getragen, durch Ihre Zweifel und Ihre Angst hindurch! Denn diese sind ebenfalls Botschaften Ihres Wächters. Es sind eindringliche Warnzeichen, dass hier alte Verletzungen liegen, denen Sie sich nur besonders achtsam, bewusst und vor allem mitfühlend nähern dürfen.

Beruhigen Sie in solchen Momenten der Angst Ihren Drachen, indem Sie beginnen, sich in Ihrer Gesamtheit wahrzunehmen und wertzuschätzen! Halten Sie Ihr Herz offen. Sobald Sie in solch respektvoller, achtsamer Aufmerksamkeit auf Ihre Innenwelt zugehen, wird auch Ihr Beschützer erkennen, dass keine weiteren Missachtungen und Kränkungen drohen. Er wird sich zufrieden zurückziehen und den Zugang zu Ihrem Schatz und Ihrem inneren Kühlschrank freigeben. Jetzt steht Ihnen der Weg frei,

Stück um Stück Frieden mit sich zu schließen, Kostbarkeit um Kostbarkeit zu bergen und jeden Edelstein, jedes Goldstück und jede Perle wieder in Besitz zu nehmen! Es ist *Ihr* Schatz, *Ihr* Leben, *Ihre* Lebendigkeit und soll deshalb frei zu *Ihrer* Verfügung stehen!

Rendezvous mit dem Ich

Stehen Sie schließlich wertschätzend mit Ihrem Drachen in Verbindung, können Sie achtsam und präsent Verbindung zu Ihrem Ich aufnehmen und halten.

Suchen Sie sich dazu ganz bewusst regelmäßig wiederkehrende Alltagsbeschäftigungen (Kaffeepause, Warten auf den Bus, Kochen, Zähneputzen, ...). Nutzen Sie diese täglich (mindestens einmal pro Tag) für einige Momente *liebevoller* Begegnung mit sich selbst. Beginnen Sie Ihre Begegnung jedes Mal mit einer Wertschätzung. Konzentrieren Sie sich auf etwas, das Ihnen an sich gefällt oder guttut. So steigen Sie aus der oft negativen Sichtweise auf das eigene Leben bzw. auf das eigene Ich aus. Sie verschieben dadurch den Fokus von Ihren *Problem*zonen hin zu Ihren *Schönheits-* oder *Wohlfühl*zonen.

Widmen Sie sich nun einer der unten stehenden Fragen. Vertrauen Sie auf Ihre spontanen Antworten! Schreiben Sie diese ungefiltert auf! Legen Sie auftauchende abwertende Sätze (z.B. *»Sei nicht so überheblich!«, »Dafür bin ich zu alt, zu dumm, zu dick, zu ...«, »Das ist ja lächerlich!«, »Das tut man nicht!«*, ...) getrost beiseite! Denn so machen sich Ihre seit Ihrer Kindheit übernommenen Bewertungsmuster bemerkbar, um Sie auch weiterhin auf den Pfaden innerhalb Ihrer eingeschränkten Komfortzone zu halten.

Begegnen Sie Ihrem Ich und stellen Sie sich folgende Fragen:

- Kann ich jetzt ganz bei mir bleiben und präsent den Augenblick erleben?
- Wie fühlt sich das an?
- Falls nicht, was hindert mich daran?
- In welchem Aspekt möchte ich innerlich wachsen?
- Was in meinem Leben macht mir wirklich Freude?
- Wobei fühle ich mich in meinem Leben besonders zufrieden? Wie fühlt sich das an?
- Was nährt mich?
- Wie gut kann ich meinen Körper im Moment wahrnehmen?
- Wie fühlt sich mein Körper im Moment?
- Bin ich entspannt? Wie fühlt sich das an?
- Oder bin ich verspannt? Wo sitzt die Verspannung? Wie fühlt sie sich an?
- Was alles gefällt mir an mir besonders gut? Gebe ich mir dafür selbst ausreichend Anerkennung? Wenn ja, in welcher Form? Wenn nein, was hindert mich daran?
- Wonach sehnt sich mein Körper?
- Kann/Darf ich das leben? Wenn nicht, was hindert mich daran?
- Was weiß ich über die speziellen Bedürfnisse meines Körpers?
- Fühle ich mich gesund und fit?
- Welche Signale sendet mir mein Körper? Was will er mir damit sagen?
- Achte ich ausreichend auf meinen Körper? Was braucht/will er?
- Achte ich auf meine Ernährung, auf ausreichend Bewegung, Schlaf, ...?
- Welche Ängste habe ich?
- Woher kommen diese?

- Mit welchem Gefühl, welcher Erfahrung sind diese verbunden?
- Spüre ich, dass ich – so wie ich bin und aussehe – liebenswert und schön bin?
- Falls schon, wie fühlt sich das an? Falls nicht, was hindert mich daran?
- Besonders lebendig fühle ich mich, wenn …
- Wann habe ich mich das letzte Mal so richtig lebendig gefühlt?

Wundern Sie sich bitte nicht, wenn Sie nicht jeden auftauchenden Persönlichkeitsaspekt von Beginn an als bereichernd und positiv erleben. Ihre bisherige Lebenserfahrung sagt Ihnen ja, dass Sie all die Anteile in Ihrem Kühlschrank »aus gutem Grund« nicht leben. Schließlich konnte Ihre Umwelt mit diesen Eigenschaften an Ihnen, warum auch immer, nicht umgehen. Egal, wie unangenehm Ihre eingekühlten Anteile auf den ersten Blick wirken, nehmen Sie diese vor allem als lebendige Wesenselemente Ihrer selbst wahr!

Vielleicht entschließen Sie sich ja, einige Facetten (zunächst) aus sicherer Entfernung zu betrachten. Das ist völlig in Ordnung. Denn Sie können bei einem gesunden, bewussten Umgang mit Ihrer inneren Ganzheit entscheiden, welches Element Ihnen wie nahekommen darf und soll. So sind z.B. die Gefühle der Freude und des Glücks solche, welche sich viele Menschen nicht zu leben gestatten. Sie tragen immer noch die unbewusste Botschaft in sich, dass garantiert etwas Schreckliches passiert, wenn sie zu glücklich sind. Das gilt auch und ganz besonders, falls lange verdrängte Gefühle vielleicht mit unerwarteter Heftigkeit aus Ihrer plötzlich geöffneten Schatzkiste drängen. Je öfter und intensiver Sie sich erlauben, glücklich zu sein, desto eher kann natürlich auch Traurigkeit über jene vergangenen Momente in Ihrem Leben auftauchen, wo Sie Ihre Freude nicht leben konnten.

Respektieren Sie Ihre Grenzen und lassen Sie sich von irritierenden oder schwierigen Anteilen nicht überfluten! Wann immer Sie das Gefühl haben, es wäre zu viel, achten Sie auf tiefe, regelmäßige Atmung. Bleiben Sie bewusst und konzentrieren Sie sich auf die Wahrnehmung dessen, was gerade in Ihnen geschieht. Egal, wie gewaltig sich die auftauchenden Bilder oder Emotionen im Augenblick vielleicht anfühlen. Erinnern Sie sich daran, dass sie jeweils nur eine von unzähligen Facetten Ihrer inneren Gesamtheit widerspiegeln! Wie jedes Gefühl, jede Erinnerung, verdienen sie Raum, Aufmerksamkeit und Zuwendung. Ein einzelner Teil unserer Geschichte kann jedoch niemals so allumfassend bedeutend sein, dass er berechtigt wäre, Ihre bisherige innere Wahrheit plötzlich völlig zu verdrehen oder zu verdrängen. Wenn also z.B. unterdrückende Botschaften aus Ihrer Kindheit verbieten, die Freude an der eigenen Sinnlichkeit zu leben, stellen Sie sich den Ängsten, die immer wieder auftauchen können, wenn Sie sich selbst gestatten, etwas zu genießen.

Bei jeder Expedition in den Kühlschrank bzw. in Ihre Schatzkiste geht es also darum, sich dem innewohnenden Gefühl zu nähern, es zunächst respektvoll zu halten und auch auszuhalten. Vielleicht können Sie später tiefer gehen, es näher erkunden und verstehen. Weisen Sie ihm jedenfalls nach jeder Begegnung einen Ort in Ihnen zu, an dem es willkommen oder zumindest akzeptiert ist und an dem Sie es wiederfinden. Distanzieren Sie sich zum Abschied ein Stück weit von ihm und lassen Sie es wieder los, bevor Sie in Ihren Alltag zurückkehren. Sollten Sie sich aber tatsächlich einmal mit traumatischen Erfahrungen konfrontiert sehen, die sie überfordern, empfehlen wir, sich diesen Themen mit professioneller Hilfe zu nähern!

Elisabeth erzählt: dem Drachen begegnen

Ich habe immer wieder erlebt, dass ich an meinem Äußeren herumkritisierte, mich nicht mochte und innerlich abwertete. Diese Drohgebärde meines Drachen tauchte stets dann in mir auf, wenn ich etwas Besonderes in meinem Leben umsetzen wollte. Während meiner Ausbildung erkannte ich, dass ich meine Freude oft nicht angemessen ausdrücken konnte. Ich kritisierte so viel an mir herum, dass ich mich damit maßgeblich an der Umsetzung mir wichtiger Projekte hinderte.

Ich wusste bereits, dass mein Drache wesentlich von meinem Großvater geprägt war, der mich sehr oft kritisiert hatte und mir gegenüber niemals wertschätzend war. Trotz dieses Wissens gab sich der Drache nicht zufrieden. Meine negativen Gedanken mir gegenüber hielten an.

Eines Tages befand ich mich wieder einmal in einer Abwärtsspirale an negativen Gedanken über mich. Diesmal beschloss ich, mich meinem Drachen zu stellen. Und während ich dem zugrunde liegenden Gefühl direkt begegnete, kamen plötzlich völlig neue Aspekte in mein Bewusstsein:

In meiner Volksschulzeit besuchte ich eine katholische Privatschule. Unsere Volksschullehrerin, eine katholische Nonne, drangsalierte uns, indem sie den Ausdruck unserer Lebensfreude im wahrsten Sinne des Wortes »verteufelte«. Lachen, Spielen und die Freude an körperlicher Bewegung wurden massiv bestraft. Zudem las sie uns Geschichten von Kindern vor, welche sich extremen Leiden unterzogen und schließlich mit den Wundmalen Christi an ihren Körpern den Märtyrertod starben.

Dadurch zeigte sie uns auf, dass dies der »wahre« Weg sei, während wir Kinder egoistisch und selbst-

süchtig »nur« unbeschwert, frei und leicht unserer Lebensfreude folgend durch das Leben gehen wollten. Diese leidvolle Botschaft hatte ich tief in mir vergraben. Sobald Lebensfreude an meine Tür klopfte, trat sofort mein Wächter auf den Plan und wollte verhindern, dass ich diese alten Schmerzen nochmals spürte. So konnte ich aber den Schatz meiner Lebensfreude nicht heben.

Ich begann also damit, mir jeden Tag Wertschätzung und Selbstmitgefühl entgegenzubringen und negative Gedanken mir selbst gegenüber sofort als solche zu entlarven. Ich kümmerte mich dann liebevoll um diesen ungeliebten Teil von mir, indem ich mir gestattete meiner Lebensfreude und Leichtigkeit jeden Tag ein bisschen mehr Ausdruck zu verleihen. Mit der Zeit stellte ich erstaunt fest, wie viel besser es mir durch diesen bewussten Prozess mit mir selbst ging.

Es wurde mir immer leichter möglich, meiner Lebensfreude zu folgen und diese auszudrücken, ohne dabei schlechtes Gewissen zu haben oder mich abzuwerten. So konnte ich auch zu anderen Menschen weitaus liebevoller sein und sie auf ihrem Weg besser unterstützen als zuvor.

Liebe und Verbindung im Wir

Steigt nun die eigene Wertschätzung für das Ich, können auch wieder liebevolle Achtung, Interesse und Respekt für das Du und das gemeinsame Wir erwachsen. Diese neue Achtsamkeit uns selbst gegenüber, verändert ganz automatisch die Basis für eine bewusste Verbindung. Wenn nämlich Sicherheit und Vertrauen in die eigene Person erwachen, wird es möglich, aus der Deckung der schützenden, unsichtbaren Mauern hervorzukommen. Jetzt können eingespielte Muster hinterfragt, aufgelöst und durch wirkliche Begegnung ersetzt werden.

Startpunkt der Reise – die Schatzkarte

Wo können Paare aber auf ihrem Beziehungsweg nun tatsächlich ansetzen, um die Fahrtrichtung der Abwärtsspirale des Machtkampfs umzukehren? Wie wird aus dieser eine Aufwärtsspirale, bei der das Paar auftauchende Themen und Probleme jedes Mal auf einer bewussteren Ebene wahrnehmen und auflösen kann? Wie beginnt also der gemeinsame Weg zu bewusster Beziehung?

Halten Sie einen Moment lang inne und spüren Sie den letzten Tagen und Wochen nach.

- Wie fühlen Sie sich, wenn Sie an Ihre Beziehung denken?
- Gibt es aktive Machtkampfzonen?
- Spüren Sie in sich das *Ja!* für den gemeinsamen Weg?
- Fühlen Sie sich unzufrieden, vielleicht zu wenig als Person wahrgenommen?
- Liegt ständig ein Streit in der Luft?
- Finden Sie ein Wesensmerkmal oder ein Verhalten Ihres Partners bzw. Ihrer Partnerin peinlich oder gar unerträglich?
- Fühlen Sie sich befreit, wenn Sie nicht zu Hause sein müssen?
- Spüren Sie im Alltag oder im Bett ein *Nein!*, das Ihnen den Weg zu Ihrem bzw. Ihrer Liebsten versperrt?

Lauschen Sie auf ein mögliches Grollen Ihres inneren Drachens, der über Ihre Gefühle wacht. Wieder geleitet er Sie zu inneren Beziehungsperlen und gemeinsamen Wachstumschancen. Entscheiden Sie sich, ihm beherzt zu folgen und treten Sie den Mustern Ihres Machtkampfs achtsam entgegen. Folgen Sie auftauchenden Gefühlen zu Ihren Wurzeln. Erforschen Sie aktuell wirkende Beziehungsmuster. Erkunden Sie diese und nutzen Sie sie für Ihr persönliches Wachstum. Egal ob beim ersten Mal oder in späteren Runden, erinnern Sie sich jedes Mal, bei sich selbst und Ihrer Eigenverantwortung anzusetzen. Beginnen Sie immer bei denselben ersten Schritten:

- Achten und wahren Sie Ihre eigenen Grenzen und Empfindungen! Taucht ein *Nein!* auf, will dieses anerkannt, gehalten und formuliert werden. Wie drückt sich Ihr *Nein!* (diesmal) aus?

- Ziehen Sie sich aus einem Streitgeschehen zurück oder unterbrechen Sie bewusst ein aktives Verhaltensmuster. Wenden Sie sich von der oberflächlichen Betrachtung ab. Gehen Sie von der Betrachtung »Was macht mein Gegenüber falsch?« weg, hin zu: *»Was ist mein Anteil an der Situation?«*

- Machen Sie sich bewusst, dass die wahre Ursache Ihrer Gefühle und Ihrer Reaktion nur in sehr bedingtem Ausmaß mit dem Auslöser im Jetzt zu tun hat. Ihr Gegenüber ist also nicht »schuld« an Ihrer Reaktion. Die wahre *Ursache liegt vielmehr in Ihrer Vergangenheit* und freut sich über die Chance, gesehen und geheilt zu werden.

- Erinnern Sie sich, dass Beziehungsprobleme auf einer Ebene auftauchen, oft jedoch auf einer anderen begründet sind. *Gehen Sie tiefer* und stellen Sie die Frage »Was steht wirklich dahinter?«.

- Nehmen Sie die Signale Ihres Körpers, Ihrer Erinnerungen und Ihrer Gedanken wahr und ernst. *Vertrauen Sie dem, was da auftaucht.*

Kraftfeld als Stimmungsbarometer der Beziehung

Wir empfinden es oft als hilfreich, rein rationale Denk-
ansätze mit der Verwendung von Bildern verständlicher
zu machen. Das gilt auch für die Erforschung der aktuellen Beziehungsqualität oder der Erkundung etwaiger
Beziehungsprobleme. Wir möchten Ihnen daher das *Kraftfeld*
der Beziehung vorstellen, als Stimmungsbarometer für den
an der Oberfläche oft nicht wahrnehmbaren Beziehungszustand.

Dieses bedeutende Kraftfeld ist nicht unmittelbar sichtbar. Dennoch ist es real und von außen spürbar. Es zeigt
den aktuellen Status der Beziehung und Ihres unmittelbaren Umfelds auf. In ihm lebt und atmet alles, was in der gemeinsamen Verantwortung des Paares liegt (die Beziehung
an sich, aber auch Kinder, Projekte, Hobbys, der Haushalt
und vieles mehr).

Haben Sie schon einmal die Qualität der Beziehung eines
befreundeten Paares gespürt? Merken Sie, dass der Alltag
der beiden von Harmonie getragen ist oder dass Streit und
Unfrieden in der Luft liegen? Das ist oft an Kleinigkeiten
spür- und sichtbar. Zum Beispiel daran, ob die beiden liebevollen Blickkontakt haben, wie der Ton ihrer Stimmen
ist, wenn sie miteinander reden, was sie übereinander sagen
oder ob sie einander körperlich zugewandt sind. Dann
haben Sie Kontakt zum Beziehungsfeld des Paares aufge-
nommen. Sie fühlen, ob die beiden miteinander verbunden sind oder ob etwas zwischen ihnen steht. Denn all das
spiegelt sich in dem Energiefeld zwischen den beiden wider.
So können Harmonie und gegenseitige achtsame Liebe den
Energiefluss prägen. Umgekehrt lagern sich aber auch un-
geklärte Konfrontationen, mangelnde Präsenz und negative
Gefühle als *Müll* in diesem so wichtigen Raum ab.

Erkunden Sie, wie es um Ihr Beziehungskraftfeld bestellt
ist. Wenden Sie sich ihm ganz bewusst zu. Lassen Sie sich
im Zuge der folgenden von uns entwickelten Übung von

den auftauchenden Bildern und Gefühlen erzählen, wie es um Ihre Beziehung tatsächlich steht. Nehmen Sie bewertungsfrei wahr, was in Ihnen entsteht. Sehen Sie sich und Ihren Liebsten bzw. Ihre Liebste etwa in einem prächtigen Garten, in einem lebendigen Wald oder auf einer blühenden Wiese? Oder stehen Sie vor einer stacheligen Dornenhecke, einem undurchdringlichen Dschungel, einem unüberwindbaren Sumpf oder in einer vertrockneten Wüstenlandschaft? Alles, was vor Ihrem geistigen Auge auftaucht, ist *richtig*! Vertrauen Sie den entstehenden Bildern und Gefühlen, auch wenn diese nicht gleich einen Sinn für Sie ergeben, Ihnen zunächst unangebracht oder gar »peinlich« erscheinen sollten. Die Bilder sind Ausdruck Ihrer Empfindungen und können daher nicht falsch sein.

Gehen Sie anschließend miteinander in Begegnung und tauschen Sie sich über all das aus, was Sie wahrgenommen haben. Fassen Sie sich ein Herz und muten Sie Ihre Eindrücke Ihrem oder Ihrer Liebsten zu, auch wenn vielleicht einmal unangenehme Bilder auftauchen sollten. Hören Sie einander mit offenem Herzen zu und achten Sie darauf, liebevoll, achtsam und wertschätzend zu bleiben! Vermeiden Sie jede Interpretation oder Kritik. Vielmehr geht es um eine wertfreie Beschreibung der eigenen Wahrnehmung, als Basis für gemeinsames Wachstum und Beziehungsentwicklung.

Übung zum Kraftfeld der Beziehung (~10 bis 15 Minuten)
Nehmen Sie sich etwa zehn Minuten für sich selbst. Sorgen Sie dafür, dass Sie ungestört sind. Finden Sie einen Platz, an dem Sie sich wohlfühlen, und begeben Sie sich in eine Position, die angenehm für Sie ist. Tun Sie, was immer für Ihre Entspannung gut und wichtig ist! Stellen Sie sich einen Wecker. Verlassen Sie für den Moment Ihren Alltag mit all seinen Gedanken und Sorgen und wenden Sie Ihre Aufmerksamkeit sich selbst zu! Lesen Sie sich den unten stehenden Text bitte gut durch!

Nutzen Sie die vorgeschlagenen Fragen als Orientierungshilfe, folgen Sie aber in erster Linie Ihrer Neugierde und erkunden Sie Ihr gemeinsames Kraftfeld in allen Details.

Schließen Sie bitte Ihre Augen! Atmen Sie mehrmals tief in Ihren Bauch und wenden Sie sich bei jedem Ausatmen ein Stück weit von der Außenwelt ab und Ihrer Innenwelt zu! Wenn Sie gut und tief in sich ruhen, nehmen Sie Kontakt mit dem Kraftfeld Ihrer Beziehung auf.

- Wo kann ich dieses Energiefeld zwischen uns spüren?
- Wie spürt es sich an? (Wie riecht es? Welche Farben sehe ich? Welche Geräusche höre ich? ...)
- Welches Klima herrscht in unserem Beziehungsfeld?
- Hat unser Energiefeld Grenzen? Wie sehen diese aus? Hat mein persönlicher Bereich Grenzen und (wie) stehe ich zu ihnen?
- Kenne und spüre ich die Grenzen meines Partners, meiner Partnerin? Wie gehe ich mit diesen Grenzen um?
- Wie weit entfernt ist mein Partner bzw. meine Partnerin?
- Kann ich ihn bzw. sie sehen? ... spüren? ... hören? ...riechen? ... schmecken?
- Wenn ja, welche Qualitäten gibt es zu spüren/zu sehen/zu hören/zu riechen/zu schmecken?
- Ist der Weg zwischen uns frei?
- Ist die Sicht zwischen uns frei?
- Falls nicht, was genau versperrt den Weg zwischen uns bzw. die Sicht aufeinander?
- Was trage ich dazu bei, dass unsere Verbindung geschwächt oder gestärkt wird/ist?

Erforschen Sie Ihr *Kraftfeld* in allen Details so lange Sie wollen und verabschieden Sie sich anschließend mit einem Lächeln von diesem Kraftplatz.

Nehmen Sie Ihre inneren Bilder mit, während Sie langsam wieder in diesen Raum zurückkommen, den Körper spüren, Geräusche rund um sich wieder wahrnehmen und die Augen öffnen.

Wenn das Kraftfeld durch versteckte Minen gefährlich wird

Vielleicht haben Sie es bei Ihrem Besuch bemerkt. Manchmal herrscht in diesem Energiefeld Chaos oder Verwüstung. Werden Kränkungen, Missverständnisse und Zurückweisungen des Beziehungsalltags nicht ausgeräumt, beeinträchtigen sie das Beziehungskraftfeld. Sie stehen energetisch als Barrieren zwischen Ihnen und Ihrem bzw. Ihrer Liebsten und versperren den Weg zueinander. Dann hat sich mit der Zeit das vor Energie, Lebensfreude und Liebe sprühende *Kraft*feld von einem *Garten der Liebe* in ein gefährliches *Minen*feld, in eine wuchernde *Dornenhecke* oder einen stinkenden *Müllberg* verwandelt.

Das spiegelt sich auch im Alltag. Die Minen machen das gemeinsame Leben immer mehr zu einem Spießrutenlauf. Eine ständig wachsende Zahl eigentlich harmloser Themen können nicht mehr gefahrlos angesprochen werden, ohne dass einer der Partner innerlich oder auch äußerlich »explodiert«.

Klärung des Kraftfelds

An diesem Punkt der Beziehung scheint präsente Begegnung im Miteinander vielfach undenkbar, die Fronten festgefahren und verhärtet. Auf der Bildebene können die Partner jedoch jederzeit beginnen, die voranschreitende Negativspirale umzukehren und die Situation zu entschärfen.

Das Kraftfeld der Beziehung kann nämlich, als empfindlicher Sensor für die Beziehungsqualität, auch dazu genutzt werden, Präsenz und innige Verbundenheit wieder in der Partnerschaft zu verankern. Gerade wenn schwelende Konflikte im Alltag nicht mehr ausgeräumt werden (können), ist es möglich, diese durch bewusst herbeigeführte Veränderungen im Energiefeld zu befreien und zu befrieden. Denn Sie sind der Architekt bzw. die Architektin Ihres Kraftfelds.

Sie bestimmen, wie es aussehen soll.

Jedes Mal, wenn Sie also dieses Beziehungsfeld besuchen und dabei etwas entdecken, das Sie gerne anders gestalten würden – verändern Sie es! Fragen Sie sich, was Ihr Kraftfeld stärken, den Weg zueinander erhellen oder die Beziehung zueinander vertiefen könnte – und legen Sie los! Die inneren Abbildungen, die Sie wahrnehmen, stehen für Beziehungs- und Verhaltensmuster im Außen. Ändern Sie die Abbildungen, die Struktur oder die Ordnung in Ihrem Kraftfeld, ändern Sie implizit auch die den Bildern zugrundeliegenden Muster. Dazu hilft es zwar, ist aber nicht unbedingt notwendig, wenn Sie sich bewusst machen, wofür die Veränderung im Außen steht.

Um das Energiefeld als *Kraft*feld zu bewahren, muss außerdem auch der Müll, den unausgesprochene Kränkungen, Missverständnisse und Unachtsamkeiten im Liebesgarten hinterlassen, ausgeräumt werden. Das Kraftfeld muss regelmäßig (!) geklärt werden, damit nicht Müll, Minen, Dornen oder Felsbrocken den Weg zueinander versperren und Begegnung verhindern. Nehmen Sie sich also immer wieder, gerade im stressigen Alltag, ein paar Minuten Zeit, um Ihrem Beziehungsfeld nachzuspüren. Fühlen Sie nach, was Sie ändern können oder müssen, damit das Kraftfeld erblüht. Was müssen Sie wegräumen oder anders gestalten?

Denken Sie an regelmäßige gemeinsame Begegnungsinseln, in denen Sie sich über die Wahrnehmungen und Empfindungen zu Ihrem Kraftfeld austauschen. Besprechen Sie, was bisher unausgesprochen zwischen Ihnen steht, wie z.B. die Enttäuschung darüber, dass Ihre Partnerin immer wieder unaufmerksam ist und Ihnen keine Ihrer Lieblingsschokoladen vom Einkauf mitgebacht hat und Sie auch sonst nicht verwöhnt, währenddessen Sie sich so sehr um diese Qualität in Ihrer Beziehung bemühen. Sie werden überrascht sein, wie sehr sich dadurch unmittelbar Ihre äußere Beziehungsatmosphäre und -qualität verbessern.

Gute Gefühle als Grundlage für Verbindung und Liebe

Nach Jahren der gemeinsamen Beziehung, wenn das Beziehungskraftfeld vielleicht mehr einem Trümmerfeld als einem Garten Eden gleicht, scheint es oft nicht immer einfach, sich für einen veränderten Umgang miteinander zu öffnen.

Wir empfehlen an dieser Stelle gerne einen grundsätzlichen Betrachtungs- und Perspektivenwechsel: weg von all dem, was schlecht läuft, hin zu all dem, was gut ist. In diesem Zusammenhang möchten wir Ihnen die Psychologin Barbara L. Fredrickson mit Ihren Forschungsergebnissen im Bereich der positiven Psychologie besonders ans Herz legen. In ihrem Buch *Die Macht der guten Gefühle: Wie eine positive Haltung Ihr Leben dauerhaft verändert* präsentiert sie ihre »Broaden and Build«-Theorie. Sie bestätigt darin jene Erfahrungen, die wir selbst im Privat- wie im Berufsleben gemacht haben: *Gute Gefühle wirken als natürliche Nährstoffe für Wachstum und als Substrat für tief verwurzelte Verbindung und Liebe.* Das Fazit der Studie ist, dass dafür im Alltag der Anteil positiver gegenüber negativer Gefühle bei mindestens 3:1 liegen muss – jeder von uns braucht dazu also dreimal mehr angenehme als unangenehme Empfindungen und Gedanken. Das klingt zwar auf den ersten Blick *zu* einfach, aber die Erkenntnisse über die Wirkung dieses Quotienten sind außergewöhnlich: Finden wir nämlich anhaltend zu solch einem 3:1-Verhältnis, eröffnen uns unsere positiven Empfindungen eine neue Welt. Hier setzt, wie Barbara L. Fredrickson es beschreibt, der

»*Broaden*«-Effekt ein: Legen wir unseren Fokus nachhaltig auf die Wahrnehmung der erfreulichen Dinge des Alltags, nehmen wir unser gesamtes Leben und selbstverständlich auch unsere Beziehung positiver wahr. Wir lassen uns also nicht mehr von all den beschwerlichen unangenehmen Seiten unseres Alltags in Beschlag nehmen und öffnen uns für Menschen und Dinge um uns herum. Wir erfahren unsere Welt nicht länger als einengendes Korsett. Vielmehr streifen wir unsere Scheuklappen ab, nehmen den unfassbar großen Pool an uns umgebenden Möglichkeiten umfassend wahr und können nun wahrhaft »groß« träumen. Wir öffnen uns dem Leben, indem wir z.B. das Gute in unserer Beziehung bewusst wahrnehmen und genießen und einander jeden Tag eine Wertschätzung schenken. Wir begegnen uns selbst, unserer Umwelt und unseren Liebsten liebevoll und präsent. Exakt diese Öffnung leitet eine Bewusstseinsveränderung ein. Unser gesamtes Wahrnehmungsspektrum *erweitert* sich. Wir nehmen auf *allen* Ebenen viel mehr wahr und können uns auch viel mehr vorstellen, als wenn wir eingeengt zwischen negativen Gefühlen und Gedanken durch unser Leben gehen.

Aus dieser anhaltenden Position der Verbundenheit und Freude tritt daraufhin der »*Build*«-Effekt ein: Es eröffnen sich uns nun Chancen und Wege, welche für uns unsichtbar und verschlossen bleiben, solange wir dem Negativen verhaftet sind. Durch unsere Offenheit kommen wir leichter in Kontakt mit anderen Menschen wie z.B. in einem Gespräch mit einem entfernten Bekannten, der uns wiederum über eine Wohnung erzählt, welche gerade leer steht und zufällig genau dem entspricht, was wir gerade suchen. Jetzt sehen wir die Unzahl uns offenstehender Lebensmöglichkeiten, aus denen wir unser persönliches und natürlich auch unser gemeinsames Abenteuer *erbauen* können. Jetzt wird es uns tatsächlich möglich, aus diesen Chancen aktiv zu wählen. So entkommen wir dem »*Das ist halt so!*«, welches vielfach das Leben oder die Beziehung dominiert und fesselt. Schritt für Schritt entfaltet sich in diesem erweiterten Seinszustand eine für uns zuvor unvorstellbare, neue Realität. Ein reicheres, vielfältigeres Leben, eine Beziehung mit unerwartetem Tiefgang erwarten uns und lassen uns regelrecht erblühen.

Wie kommen wir zu solch einem 3:1-Quotienten? Wie soll es mitten im alltäglichen Leben gelingen, dass wir (mindestens) dreimal mehr Erfreuliches als Unerfreuliches wahrnehmen, ohne das Negative zu negieren und zu verdrängen?

Aus dem Alltagstrott ausbrechen und Stärken leben

Schenken Sie Ihrem Alltag und vor allem Ihrer Beziehung achtsame Aufmerksamkeit. Machen Sie jeden Tag bewusst etwas, das sie noch nie gemacht haben. Ändern Sie einen sonst typischen Ablauf oder konzentrieren Sie sich jeden Tag auf eine neue Sichtweise auf Ihr Leben und Ihre Beziehung. Nehmen Sie so dem Alltagstrott seine Schwere und seine Macht. Denn durch ihn werden Sie blind für die kleinen Schönheiten des Lebens. Er verhindert, dass Alternativen und vielfältige Gestaltungsräume überhaupt entstehen können. Wenn Sie jeden Tag immer wieder aufs Neue bewusst innehalten und drei Dingen in Ihrem Leben und Ihrer Beziehung Beachtung schenken, welche gerade gut laufen oder gelaufen sind, schaffen Sie nachweislich neue Verbindungen in Ihrem Gehirn, die Sie dabei unterstützen, dass Sie noch mehr in diesen guten Gefühlen verweilen können. Sie können diese Übung noch vertiefen, indem Sie sich zusätzlich die Zeit nehmen und sich gestatten, Ihren persönlichen Beitrag, warum die Dinge gut laufen, zu erkennen.

Sind Sie sich Ihrer persönlichen Stärken bewusst? Dabei geht es weniger um Fähigkeiten, die Sie sich im Laufe Ihres Lebens angeeignet haben, sondern vielmehr um Eigenschaften, Charakterstärken, die Ihr Wesen ausmachen. Denn in diesen liegen Ihre oftmals brachliegenden Lebenschancen.

Nehmen Sie Kontakt zu diesem inneren Potenzial auf! Machen Sie sich auf die Suche nach eben jenen Eigenschaften, die Sie ausmachen. Erkunden Sie, was Sie davon abhält, diese positive Kraft und Energie zu leben. Erzählen Sie Ihrem Partner bzw. Ihrer Partnerin davon und bitten Sie ihn oder sie, Ihnen bei der Befreiung Ihres Potenzials zu helfen. Bergen Sie so Ihre Kraftreserven aus Ihrem Kühlschrank und geben Sie ihnen mehr und mehr Raum in Ihrem Leben. Setzen Sie Ihre Stärken bewusst ein und versuchen Sie, diese mindestens einmal täglich (!) zu leben. So schöpfen Sie Energie und füllen Ihre inneren Tanks auf. Sie wechseln vom Reagieren ins Agieren. Ihre Lebensrichtung wird klarer. Gelassenheit, Freude und Zufriedenheit bereichern Ihr Leben.

Stellen Sie sich folgende Fragen, um Ihre eigenen Stärken zu finden und zu leben:

- Was tun Sie gerne und was macht Ihnen so richtig Freude?
- Was können Sie besonders gut?
- Wie würden Sie Ihre Stärken beschreiben? Wie werden Ihre Stärken von Freunden beschrieben?
- Welche Tätigkeiten oder Lebensbereiche mobilisieren in Ihnen ungeahnte Kraftreserven?
- Wobei fühlen Sie sich gestärkt, wenn Sie es tun (dürfen)?
- Was würden Sie gerne viel öfter machen?
- Was empfinden Sie als Ihre größten Erfolge?

Positive Gefühle verstärken

Kosten Sie auftauchende positive Gefühle auf so vielfältige Weise wie nur möglich aus! Nehmen Sie Situationen, in denen Sie glücklich sind, herzlich lachen, sich freuen, sich zufrieden und wohlfühlen, verstärkt und mit allen Sinnen wahr. Vertiefen Sie sich in ebendiesen Zustand. Sammeln Sie Ihre Eindrücke, erzählen Sie einander von Ihren Empfindungen und verankern Sie so Ihr Gefühl in diesem Moment in Ihrem Bewusstsein. Stellen Sie sich dazu in solchen Augenblicken der Freude, des Glücks, der Liebe oder der Zufriedenheit die folgenden Fragen. Prägen Sie sich die Antworten und Empfindungen gut ein oder schreiben Sie diese sogar in ein »Glücksbuch« auf. So üben Sie sich darin, Positives in Ihrem Leben umfassend und aufmerksam wahrzunehmen und machen es dadurch immer wieder abrufbar.

Fragen, mit denen Sie positive Gefühle verstärken können:
- Wann hatten Sie das letzte Mal gute Gefühle?
- Welche Situation hat in Ihnen diese Gefühle entfacht?
- Wenn Sie sich erinnern, wo spüren Sie dieses Gefühl jetzt in Ihrem Körper? Wie fühlt es sich an?
- Wie riecht es? Was hören Sie?
- Welche Farben erkennen Sie um sich herum?
- Welche Farbe beschreibt Ihre Empfindung am besten?
- Welches Lied, welcher Spruch, welches Bild, ... passt zu diesem Moment?
- Wenn Sie sich dann irgendwann schlecht fühlen, greifen Sie bewusst auf diese Symbole zurück, um sich in eine bessere Stimmung zu bringen.

Üben Sie sich darin, bereits die Vorfreude auf ein Ereignis zu genießen! Oft sind wir in unserem Alltag zu beschäftigt und haben keine Zeit, uns der Vorfreude auf ein Ereignis hinzugeben. Oder wir kultivieren stattdessen schützenden Zweckpessimismus: Denn wenn wir uns zu sehr auf etwas freuen, dann könnten wir ja enttäuscht werden.

Tatsächlich sollten wir uns aber unbedingt auch unsere Träume, unsere Wünsche und damit unsere Vorfreude auf ein Ereignis gönnen. Nutzen Sie etwa einen entspannten Begegnungsmoment mit Ihrem bzw. Ihrer Liebsten, um sich Ihren nächsten Urlaub, eine schöne Wanderung oder eine Party bis ins Detail vorzustellen oder genau zu planen. Nicht nur können wir dadurch den eigentlichen Moment des Glücks, der Freude oder der Zufriedenheit verlängern und somit intensiver auskosten. Vielmehr sind wir in der Lage, zukünftige Ereignisse selbst aktiv zu beeinflussen und mitzugestalten, wenn wir uns schon vorab mit der kommenden Situation bewusst auseinandersetzen. Indem wir uns genau ausmalen, wie wir uns z.B. im Urlaub fühlen möchten und was wir dazu beitragen können, dass wir uns so fühlen, erhöhen wir die Wahrscheinlichkeit dafür, dass unsere Träume wahr werden!

Erleben und ritualisieren Sie Dankbarkeit und Wertschätzung! Erfahren und wertschätzen Sie, wie wunderbar Ihr Leben und Ihre Beziehung tatsächlich sind! Die anschließende Begegnung ist eine wunderbare Übung, um das Positive in Ihrem gemeinsamen Leben zu erkennen und wertzuschätzen. Dabei geht es darum, all jenen Dingen Raum zu geben, die in Ihrem Leben gut laufen – für die Sie dankbar sein können. Denn viele Menschen sprechen (gerade mit ihren Liebsten) gerade über das, was in ihrem Leben *nicht* gut läuft, was ihnen lästig, unangenehm oder stressig ist. Dadurch wird ein ohnehin oft negativer Betrachtungsschwerpunkt durch die anschließende Wiederholung im Gespräch noch verstärkt. Kehren Sie diesen Trend um und bauen Sie diese Begegnung regelmäßig in Ihren Beziehungsalltag ein.

Übung zur achtsamen Begegnung: Wertschätzung und Dankbarkeit (~15 Minuten)

Zu Planung, Beginn, Abschluss siehe »Die achtsame Begegnung in der Umsetzung«.

- An mir schätze ich ... (mindestens zehn Punkte!)
- An dir schätze ich ... (mindestens zehn Punkte!)
- An unseren Kindern, an unserer Familie, an unseren Freunden schätze ich ...
- In meinem Leben bin ich dankbar für ...
- In unserem Leben bin ich dankbar für ...
- Ich bin mir selbst dankbar für ...
- Dir bin ich dankbar für ...

Negative Gefühle entmachten

Die Verstärkung positiver Gefühle in unserem Leben erfordert einen veränderten Umgang mit unangenehmen Emotionen. Dabei geht es natürlich nicht darum, auftauchende dunkle Gefühle zu verbieten oder zu verleugnen. Stattdessen ist es wichtig, andauernde unterschwellige Negativität nachhaltig aufzulösen. Blicken Sie unter die Oberfläche und werden Sie sich existierender negativer Empfindungen bewusst. Schenken Sie ihnen Raum und liebevollen Respekt. Geben Sie ihnen den Stellenwert, der ihnen zusteht – nicht weniger, aber auch nicht mehr!

Stoppen Sie die Grübelspirale! Jeder von uns kennt das Gefühl, wenn sich ein Gedanke im Kopf festsetzt. Dann beginnt das Grübeln. Wir umkreisen das Thema. Es wächst, wird mit der Zeit Zentrum unseres gesamten Denkens. Wir werden es einfach nicht los, wie etwa die unbedacht gesagten Worte im letzten Streit mit der Partnerin, die vollkommen unangemessen waren.

Das beste Mittel in solch einer Situation ist aus unserer Sicht *gesunde* Ablenkung. Dabei empfehlen wir Ihnen nun jedoch keinesfalls, sich mit Shopping, Fernsehen, Essen oder sonstigen Exits aus der Situation zu stehlen. Nein, das nächste Mal, wenn Ihre Gedanken zu kreisen beginnen, möchten wir Sie dazu ermutigen, sich durch die Schaffung von Qualitätszeit einen bewussten Grübelstopp zu verordnen. Tun Sie etwas, was Ihnen wirklich guttut, was Sie entspannt und Ihnen hilft, loszulassen! Unternehmen Sie mit Ihren Liebsten etwas, das Ihnen Spaß macht. Telefonieren oder treffen Sie sich mit einem Freund oder einer Freundin. Gehen Sie spazieren und genießen Sie die Kraft der Natur. Nehmen Sie sich Zeit für ein gutes Buch, das Sie schon lange lesen wollten. Treiben Sie Sport. Oder ziehen Sie sich aus dem Alltag zurück und genießen Sie eine wohlige Verwöhnstunde in der Badewanne.

Überprüfen Sie Ihren Tagesablauf auf Negativitätsfallen! Im Alltag der meisten Menschen gibt es *vorhersehbare* Zeiten oder Situationen, in denen sie besonders leicht in unangenehme Gefühlszustände fallen. Möglicherweise haben Sie in der Früh mit Ihren Kindern Stress, damit alle rechtzeitig aus dem Haus kommen. Eventuell liegt der Auslöser auch in der Arbeit, wenn der Chef oder ein Kollege Druck ausübt. Vielleicht sind Sie reizbar, wenn Sie hungrig werden. Oder Sie ärgern sich regelmäßig beim Autofahren auf dem Nachhauseweg. Definieren Sie Zeiten oder Situationen, in denen Sie besonders leicht in eine negative Wahrnehmung kippen, und beobachten Sie sich bei diesen Gegebenheiten. Überlegen Sie im nächsten Schritt, wie sie entschärft und positiv verändert werden können. Erforschen Sie, was Sie von sich selbst, von Ihrem bzw. Ihrer Liebsten oder von Ihrer Umwelt brauchen, um dieser Situation mit mehr Gelassenheit begegnen zu können. Bitten Sie Ihren Partner bzw. Ihre Partnerin, Ihnen bei der Vermeidung von Negativitätsfallen zu helfen.

Argumentieren Sie selbst gegen auftauchende negative Gedanken! Nehmen Sie sich auch im dichten, stressigen Alltag immer wieder die Freiheit, die Perspektive zu wechseln. Versuchen Sie, wenn Ihnen auffällt, dass Sie sich über etwas aufregen, sich in Ihren Ärger hineinzuentspannen. Untersuchen Sie die zugrunde liegende Situation darauf, was diese auch an Positivem bereithält. Auf den ersten Blick mag das nicht sofort gelingen. Mit etwas Training, der grundsätzlichen Offenheit für die guten Seiten des Lebens und einer Prise Humor wird Ihnen das aber leichter fallen. Dann ist es zwar ärgerlich, dass Sie einen Strafzettel fürs Falschparken bekommen haben, aber Sie gleichen den Ärger darüber mit dem Gedanken daran aus, dass Sie dafür schnell einen Parkplatz gefunden haben, als Sie diesen dringend brauchten. Natürlich ist es auch dann noch unangenehm, wenn Sie Streit mit Ihrem bzw. Ihrer Liebsten haben, aber es bedeutet gleichzeitig, dass sich eine Tür für wirkliche Verbindung öffnet. Oder Sie bemerken, dass die nervende Warteschlange im Supermarkt Ihnen die Chance gibt, kurz durchzuatmen und sich dem hektischen Alltag einige Minuten zu entziehen.

Liebe ist ... Präsenz

Stellen Sie sich vor, Sie treffen jemanden, der völlig im Jetzt ruht. Er ist offen und achtsam, voller Kraft und Leichtigkeit. Sind es nicht solche Menschen, nach deren Nähe und Verbindung wir uns alle sehnen? Wirken nicht ebendiese Personen anziehend, sexy und unwiderstehlich erotisch?

Auch in Beziehungen, in denen beide Partner Begehren und körperliche Anziehung ganz abgeschrieben haben, wandelt sich die Ausstrahlung von Mann und Frau, wenn sie einander präsent und achtsam begegnen. Sie sind plötzlich entspannt, ruhig, gelassen, zufrieden und in sich ruhend.

Sie strahlen von innen voller Kraft, Freude und Schönheit. Fast wie von selbst entsteht tiefe Verbindung und Sicherheit, weil beide einander achtsam und liebevoll Herz und Körper zuwenden. Sie fühlen sich geborgen und können für den Moment vom Alltagsdruck befreit aufatmen. Jetzt dürfen sie sein, wie sie wirklich sind. Unterschiede und Besonderheiten sind willkommen.

Elisabeth erzählt: der feine Unterschied
Ich erlebe Stefan als unglaublich anziehend und sexy, wenn ich ihn präsent erlebe.

Ich weiß, ich bin ihm wichtig, bin geehrt durch seinen Fokus auf mich, fühle mich zu ihm hingezogen, geborgen und geliebt. So kann ich mich dem gemeinsamen Augenblick hingeben, meinen Alltagspanzer ablegen und ihm ohne Abwehr entgegentreten. Ich kann ihm von Dingen erzählen, die mich bewegen, auch wenn sie schwierig sein sollten. Er hört mir zu und hält mich in seinem Herzen. Ich genieße, dass er für mich da ist, kann mich ihm auf allen Ebenen öffnen und ihm ebenfalls liebevoll und voller Präsenz begegnen.

Wir alle empfinden Präsenz als eine der größten Liebesgaben, die wir einander überreichen und empfangen können. Wir fühlen uns geliebt, gehalten und wahrgenommen. Wir können durchatmen, loslassen, uns entspannen ... und lieben.

Weil Liebe und Verbindung aber ohne präsente, achtsame Aufmerksamkeit vertrocknen, laden wir Sie zu einer achtsamen Begegnung zum Thema Präsenz ein. Denn trotzdem ein Präsenzsensor zur Grundausstattung aller gesunden Menschen gehört, haben viele Erwachsene verlernt, die Signale richtig zu deuten oder zu verstehen. Ihnen ist im Alltag oft nicht mehr klar, wie sie Präsenz und deren

Stellenwert für Beziehungen erkennen. Sie wissen nicht, was Präsenz im Beziehungsmiteinander bedeutet.

Erforschen Sie Ihre Wahrnehmung von Präsenz. Erkunden Sie zunächst für sich, wie sich Präsenz in Ihrem Leben und Ihrer Beziehung bemerkbar macht, und teilen Sie Ihre Erkenntnisse anschließend miteinander.

Übung zu achtsamer Begegnung: Präsenz (~15 Minuten)
Zu Planung, Beginn, Abschluss siehe »Die achtsame Begegnung in der Umsetzung«.

- Präsent zu sein, bedeutet für mich ...
- Wenn ich präsent bin, fühle ich mich ...
- Ich erlebe dich präsent, wenn du ...
- Wenn ich dich präsent erlebe, schätze ich daran ...
- Wenn ich dich präsent erlebe, fühle ich mich ...
- Wenn ich mich nach deiner Präsenz sehne, brauche ich ...
- Ich verhindere meine eigene Präsenz durch ...
- Ich verhindere meine eigene Präsenz, weil ...

Wir können Präsenz auch ganz gezielt schenken. Wie bei jedem Geschenk, geht es dabei darum, dem Empfänger oder der Empfängerin bedingungslos (!) etwas Gutes zu tun. Widmen Sie ihm oder ihr Ihre volle Achtsamkeit und Aufmerksamkeit, ohne zu bewerten und ohne daraus eine Forderung oder eine Bitte für sich selbst abzuleiten.

Übung Fußmassage (~20–30 Minuten)
Wir zeigen einander gerne unsere uneingeschränkte Aufmerksamkeit und Zuwendung mit einer Fußmassage. Dabei beschenken wir einander manchmal spontan, öfter jedoch zu einem vereinbarten Termin. Natürlich waschen wir uns Hände und Füße und gestalten anschließend den Begegnungsraum

liebevoll nach unseren Wünschen und Bedürfnissen: Wir räumen auf, stellen Kerzen auf, dimmen das Licht, richten uns einen Wecker, wählen eine Hintergrundmusik, heizen ein, … Dann richten wir die Plätze her, an denen der bzw. die Gebende gut sitzen und der oder die Empfangende bequem liegen kann. Der oder die Beschenkte bekommt je einen Polster unter den Kopf und unter die Knie, um das Becken zu entlassen, und eine Decke, damit ihm oder ihr nicht kalt wird. Wir richten das Massageöl und eventuell zusätzliche Polster für das zu massierende Bein her und sorgen dafür, dass warme Socken bereitliegen, um die bereits massierten Füße später vor dem Auskühlen zu schützen.

Nun nehmen wir Positionen ein, die uns beiden erlauben, entspannt zu sitzen oder zu liegen. Der oder die Gebende lehnt sich eventuell an eine Wand und legt das erste Bein auf einen oder mehrere Pölster vor sich hin.

Dann geht es los! Als Schenkende geben wir ab jetzt unsere volle Konzentration und uneingeschränkte Aufmerksamkeit. Wir reiben beide Hände fest gegeneinander und nehmen dann, gut energetisiert und aufgewärmt, den ersten Fuß zwischen die Hände. Zunächst stellen wir uns auf unser Gegenüber ein, während wir den Fuß einfach nur halten. Mit viel Massageöl beginnen wir daraufhin, den Fuß achtsam und liebevoll auszustreichen, und nehmen mit allen Teilen des Fußes, bis hin zur Achillessehne und den Knöcheln sanften, aber bestimmten Kontakt auf. Mit liebevollen Streich-, Drück- und Knetbewegungen massieren wir den Fuß oben und unten für etwa 10 bis 15 Minuten. Wir bedenken jeden Teil mit achtsamer, sorgsamer Präsenz und achten dabei liebevoll darauf, was unsere Berührungen bei unserem Partner bzw. unserer Partnerin auslösen. Dadurch können wir ihr oder ihm fein abgestimmt auf ihre oder seine Bedürfnisse einen besonderen Genuss bescheren. Dann packen wir den massierten Fuß warm ein und wenden uns dem zweiten Fuß zu.

Natürlich gibt es darüber hinaus noch unzählige andere Möglichkeiten, Achtsamkeit und Präsenz zu leben und zu schenken, die für Sie vielleicht besser geeignet sind. Manche Paare schenken einander in ihrem Alltag bewusst die Zeit für ein gemeinsames Frühstück oder eine Kuscheleinheit auf der Couch, bei der sie sich austauschen und einander zuhören können. Wichtig ist bei diesen Geschenken nur die Grundhaltung, mit welcher Sie einander begegnen. Wie bei einer achtsamen Begegnung geht es dabei um volle Konzentration während der gesamten Übung. Schalten Sie Handy und Computer ab und legen Sie bewusst Ihre Alltagssorgen und -gedanken zur Seite. Schenken Sie keinesfalls nur nebenbei, sondern zeigen Sie, »*Ich bin für dich da und nehme dich wichtig!*«.

Unabhängig von Präsenzgaben, bei denen eine Seite schenkt und die andere Seite etwas erhält, gibt es auch Präsenzübungen, bei denen beide Partner einander aufmerksam, konzentriert und liebevoll achtsam begegnen.

Übung Augenkontakt

Zu den Präsenzgaben gehören auch Augenblicke, in denen beide Partner liebevollen Augenkontakt suchen und halten. Diese Momente können Sie ritualisieren und sie als Achtsamkeitsübung in Ihren Alltag einbauen. Nehmen Sie sich dazu – zu Beginn einige wenige Minuten – Zeit (Wecker!) und setzen oder legen Sie sich einander gegenüber. Lassen Sie Ihre Blicke miteinander verschmelzen. Achten Sie auf Ihre tiefe Atmung und lassen Sie Alltagsgedanken los. Wenden Sie Ihre uneingeschränkte Aufmerksamkeit auch innerlich Ihrem Gegenüber zu und lassen Sie Ihren Blick ganz weich werden: Vergessen Sie jede Bewertung und all das, was Sie voneinander bereits zu wissen glauben. Bleiben Sie präsent, offen und füreinander da. Spüren Sie nach, was in Ihnen auftaucht und machen Sie es sich bewusst, damit Sie später (!) darüber sprechen können.

Bedanken Sie sich nach Ablauf der Begegnungszeit durch eine Geste beieinander und nehmen Sie die Begegnungsenergie mit in Ihren Alltag.

Übung zur Zeit für Berührung (~ ab 20 Minuten)
Eine unserer absoluten Lieblingsübungen für Präsenz ist die nachfolgend beschriebene *Zeit für Berührung*. Sie ermöglicht es uns, besonders intensiv miteinander in Kontakt zu kommen.

Wir durften erfahren, dass diese Übung auch ganz besonders für Paare geeignet ist, die schon länger keinen Sex mehr hatten und bei denen Körperkontakt generell schon mit Misstrauen oder Unwillen verknüpft ist. Sie können Nähe und Körperlichkeit unabhängig von festgefahrenen (sexuellen) Mustern erfahren und sich dadurch gegenseitig nähren.

Unsere Empfehlung: Führen Sie diese Übung alle drei bis vier Tage durch und beobachten Sie, was sich in Ihnen und in Ihrer Beziehung ändert!

Sie brauchen einen Wecker, ein Bett, Decken und Pölster. Gestalten Sie Ihren Begegnungsraum mit Kerzen, Musik, Decken oder anderem so, dass Sie sich wohlfühlen und entspannen können. Einigen Sie sich auf eine Zeitspanne, die für Sie beide angenehm und angemessen ist. Beginnen Sie zunächst mit kurzen Einheiten von circa 10 bis 15 Minuten, später können Sie diese über eine Stunde ausdehnen. Besprechen Sie, ob Sie einander nackt oder angezogen begegnen werden. Achten Sie dabei auf Ihre inneren Grenzen und zeigen Sie Verständnis und Mitgefühl füreinander! Viele Paare fühlen sich zunächst vielleicht wohler, wenn sie bekleidet beginnen. Sollte es für beide (!) Partner möglich sein, empfehlen wir, sich einander nackt zu nähern.

Machen Sie sich bewusst, dass Sie in der vereinbarten Zeit sehr viel Hautkontakt haben werden, jedoch keinen Sex!

Stellen Sie den Wecker. Legen Sie sich miteinander ins Bett und richten Sie sich so ein, dass Sie maximalen Hautkontakt miteinander haben, dabei aber bequem liegen können. Richten Sie sich so aufeinander aus, dass Sie Blickkontakt haben können, falls Sie das möchten. Halten bzw. umarmen Sie einander. Nun geht es darum, einander intensiv zu spüren und auf allen Ebenen zu berühren. Fühlen Sie die Berührung auf Ihrer Haut. Streicheln Sie einander nicht! Alle Gefühle sind erlaubt. Lassen Sie diese zu, heißen Sie sie willkommen. Entspannen Sie sich in jedes Gefühl hinein und lassen Sie es wieder los. Das gilt auch und besonders, wenn Sie erregt sind oder wenn Sie unangenehme Gefühle spüren. Für Männer gilt: Lassen Sie eine etwaige Erektion kommen ... und gehen! Auch falls Sie beide während der Übung aufeinander Lust bekommen sollten, freuen Sie sich auf die Zeit nach dem Läuten des Weckers und bleiben trotzdem entspannt und präsent bei der Sache.

Bleiben Sie in dem Wissen, dass es in dieser Zeit für Berührung nichts aktiv zu tun gibt. Sprechen Sie so wenig wie möglich. Folgen Sie Ihrem tiefen Atem und bleiben Sie mit sich selbst und Ihrem Gegenüber in Verbindung. Nehmen Sie bewusst und achtsam wahr, was der gemeinsame Augenblick für Sie bereithält.

Nach dem Läuten des Weckers, bedanken Sie sich für diese gemeinsame Begegnung und erzählen einander, was Sie geschätzt haben, was herausfordernd war und was Sie das nächste Mal gerne ausprobieren würden.

Diese Übung unterstützt Sie dabei, Ihre Verbindung zu stärken. Durch den Körper- bzw. Hautkontakt beruhigt sich Ihr vegetatives Nervensystem, Sie entspannen und Ihre Körper schütten vermehrt Oxytocin aus – das körpereigene Bindungshormon. Dieses hilft Ihnen, Ihre Verbindung im Alltag besser halten zu können.

Verletzlichkeit zeigen

Zieht mehr Achtsamkeit und Präsenz in die Beziehung ein, wird es auf einer anderen Ebene brenzlig. Wir üben uns darin, den Augenblick in all seinen Qualitäten nachzuspüren. Wir erkennen mehr und mehr, was uns tatsächlich bewegt, nämlich dass z.b. hinter all den ärgerlichen Aussagen der Wunsch nach Nähe steht. Um aber tatsächlich die Beziehungsqualität anhaltend verbessern zu können, müssen wir uns nun mit all unseren Erkenntnissen, Erfahrungen, Gefühlen und Gedanken öffnen. Wir müssen unseren Liebsten mitteilen, was uns bewegt, was wir fürchten und hoffen. Nur so geben wir ihnen die Chance, uns zu verstehen, uns beizustehen und gemeinsam mit uns zu wachsen.

Viele Menschen haben jedoch erfahren, dass sie mit ihren innersten Empfindungen und Gedanken nicht uneingeschränkt willkommen sind. Dann fällt es ihnen schwer, diese zu zeigen, aber auch gegenseitiges Mitgefühl und Verständnis füreinander aufzubauen, zu erhalten und sich gefahrlos zu öffnen. Erst im offenen Umgang mit den eigenen Ängsten, Wünschen und Sorgen liegt die Chance auf inneres und gemeinsames Wachstum. Erst dann können die Partner gemeinsam in die gleiche Richtung, zu erfüllender Sexualität in bewusster Beziehung weitergehen.

Seien Sie also mutig! Vertrauen Sie darauf, dass Ihr Liebster bzw. Ihre Liebste liebevoll und achtsam mit Ihrem Herzen zuhört und mit Ihnen fühlt, wenn Sie ihn oder sie darum bitten. Nehmen Sie Ihr Gegenüber als gleichwertig wahr. Trauen Sie ihm zu, dass es möglicherweise herausfordernde Gedanken aushält und damit bewusst umgehen kann.

Horchen Sie in sich hinein, welche Gefühle oder Gedanken Sie davon abhalten wollen. Nehmen Sie diese meist altbekannten Begleiter wahr. Oft handelt es sich um die Angst vor Zurückweisung, die Schuld, etwas nicht richtig zu machen, oder die Scham, »falsch« zu sein. Machen Sie sich bewusst, dass auch Ihr Gegenüber mit solchen Gefühlen kämpft und versucht, diese vor Ihnen und allen anderen Menschen zu verbergen. Treten Sie aus Ihrem eigenen Schatten heraus und erzählen Sie einander immer wieder kleine Details Ihrer Innenwelt. Gehen Sie zunächst vorsichtige Schritte. Beginnen Sie mit kleineren Geheimnissen und lassen Sie einander in achtsamen Begegnungen an Ihren »Makeln« teilhaben. Berichten Sie, zunächst in kurzen, überschaubaren Einheiten von wenigen Minuten, anerkennend und liebevoll von Ihren Ängsten, Träumen, Sorgen oder Sehnsüchten. So schenken Sie nicht nur Einblicke in Ihr wahres Wesen. Sie übernehmen auch Verantwortung für sich selbst, wenn Sie ganz deutlich zu bisher in Ihnen verborgenen Teilen von Ihnen stehen. Vor allem aber geben Sie Ihrer Scham, Ihrer Schuld oder Ihrem Gefühl von Unvollkommenheit Raum und Akzeptanz – die ersten Schritte zur Heilung und Integration.

Stefan erzählt: sich verletzlich zeigen

Hin und wieder befinde ich mich mitten im Alltag in einer Negativitätsspirale. Dann suche und finde ich überall ein Haar in der Suppe. An jeder Ecke stolpere ich über etwas, das schiefläuft oder schieflaufen könnte. Ich ärgere mich beim Heimkommen über Unordnung im Vorraum oder wenn mir etwas handwerklich nicht so gelingt, wie ich mir das vorgestellt habe. Immer tiefer grabe ich mich in meine Frustration ein und suhle mich regelrecht darin. Das beeinträchtigt natürlich das Zusammenleben mit meinen Lieben. Statt ihnen wertschätzend, offen und positiv zu begegnen, stehe ich ihnen grantig und voller Kritik gegenüber.

Um mich nicht von meiner Negativität einfangen zu lassen, beschloss ich, mich dem darunterliegenden Gefühl zu stellen und mir den Auslöser für mein Verhalten anzusehen. Ich kehrte meine Aufmerksamkeit mir selbst zu und erkannte, dass unter dem Gefühl der Gereiztheit und schlechten Laune eine große Traurigkeit in mir spürbar wurde. Dieses Gefühl war tief in mir verankert und verbunden mit dem unerwarteten und plötzlichen Tod meiner kleinen Schwester, als ich zehn Jahre alt war. Weil in meiner Familie jeder auf seine Weise den Verlust verarbeiten musste, war ich damals mit meiner Trauer oft allein. Nach viel zu kurzer Zeit schon sollte ich meinen Verlust überwunden haben und einfach weitermachen. So wanderte mein Gefühl der Traurigkeit in meinen inneren Kühlschrank und wartete dort verborgen auf seine Chance, gelebt zu werden. Erlaubt waren jedoch Gefühle von schlechter Laune, Gereiztheit und in weiterer Folge von Wut und Aggression.

Bei dieser Expedition zu meinen Gefühlen im Heute erkannte ich, dass ich als kleiner Stefan nicht genug Raum bekommen habe, meinen Verlust zu betrauern und zu überwinden. Dieser kleine Stefan begleitet mich nun in meinem Erwachsenenleben. Immer noch will er manchmal in seinem Kummer wahrgenommen und gehalten werden.

Ich fasste mir ein Herz und wandte mich an Elisabeth. Ich mutete mich ihr mit meinem Bedürfnis zu, erklärte ihr meine Erkenntnis und bat sie um Raum, Zeit und liebevolle Präsenz für den kleinen traurigen Stefan in mir. Auch sie konnte nun aus dem Ärger aussteigen, der unsere Beziehung zu dieser Zeit dominierte. Gerne war sie bereit, sich mir zu öffnen, mich mit meinen Gefühlen wahrzunehmen und zu halten. Gemeinsam gaben wir meiner Traurigkeit Platz, Bedeutung, Halt und die Chance auf Integration und Heilung. Dabei unterstützte mich das Aufstellen eines Fotos meiner kleinen Schwester. Ich lernte durch Elisabeths Präsenz Verständnis und Mitgefühl für mich, meinen Tränen freien Lauf zu lassen und mich ihr damit zu zeigen.

Seither kann ich, wenn ich wieder meiner Schwarzmalerei begegne, die Traurigkeit dahinter erkennen, ihr Raum geben und sie im Herzen halten. Dadurch ist es mir in solchen Situationen möglich, bewusst aus meiner Negativität auszusteigen. Darüber hinaus kann ich mich – allein oder gemeinsam mit Elisabeth – aufmerksam und liebevoll dem kleinen Stefan zuwenden und ihm geben, was er so lange vermisst hat.

Jeden Tag ein neuer Schritt – Umsetzung im Beziehungsalltag

Wir wissen, die Umstellung Ihres Alltags zu bewusst erlebter und gelebter Beziehung ist kein Zuckerschlecken. Die Begegnungen sind zu Beginn bedrohlich intim und könnten jederzeit in einen neuerlichen Machtkampf abgleiten. Wieder und wieder schleichen sich alte Muster in Ihr Leben zurück. Die Energie, die zwischen Ihnen zu fließen beginnt, ist nicht immer nur fröhlich und leicht. Sie beschäftigen sich jetzt mit Dingen, die Sie früher zu vergessen suchten. Sie spüren Ihr Leben intensiver in *allen*, auch den unangenehmen Facetten.

Bleiben Sie jedoch dran! Achten und wahren Sie Ihre persönlichen Grenzen. Nehmen Sie dankbar jedes Signal Ihres Drachens als Aufforderung zur inneren Schatzsuche wahr. Schaffen und bewahren Sie Augenblicke der Präsenz im Miteinander. Muten Sie sich einander in Ihrer Verletzlichkeit zu und klären Sie regelmäßig das Kraftfeld Ihrer Beziehung. Schätzen, genießen und feiern Sie dabei jeden noch so kleinen persönlichen oder gemeinsamen Erfolg. Wenden Sie sich Schritt für Schritt dem Guten und Schönen in Ihrem Leben zu. Kehren Sie vor allem aber nach jedem kleinen Ausrutscher wieder auf Ihren Pfad der Bewusstwerdung zurück!

Es lohnt sich. Denn mit jeder bewusst absolvierten Runde im Beziehungskarussell bewegen Sie sich in der

Spirale aufwärts. Sie kommen zwar immer wieder zu ähnlichen oder scheinbar gleichen Themen Ihrer Beziehung. Ihr Betrachtungsfokus verändert sich jedoch und Sie sehen und lösen diese Schwierigkeiten aus jeweils neuer Perspektive. Baustelle um Baustelle schließt sich und Sie haben mehr Energie für andere Lebensbereiche. Mit jeder Aufwärtsbewegung wächst Ihr Gefühl von Geborgenheit und Sie können sich Ihrem bzw. Ihrer Liebsten mehr und mehr öffnen. Lebensfreude und Lust erwachen in Ihnen – Lust auf hingebungsvolle Liebe, Lust auf verbindenden Sex und Lust auf Ihr Leben in seinen tatsächlichen Möglichkeiten.

Sprachen der Liebe

Manchmal haben beide Partner zumindest eine Ahnung, was sie machen sollten oder ändern könnten, damit sich ihre Beziehungsqualität verbessert. Sie wissen, dass es wichtig ist, einander liebevoll bei jedem Wiedersehen mit einer Umarmung zu begrüßen oder Wertschätzungen für die andere Person nicht nur zu denken, sondern auch auszusprechen. Trotzdem scheint ihnen die Umsetzung im normalen Alltag unmöglich. Dann vermissen beide vielleicht grundsätzlich das Gefühl, geliebt, gesehen, gehalten und geborgen zu sein.

Es heißt aber nicht, dass, wenn nichts ankommt, da auch nichts ist! Nicht selten handelt es sich vor allem um Missverständnisse und Übersetzungsfehler. Oft sprechen Mann und Frau in Liebesdingen nicht von Haus aus dieselbe Sprache. Denn jeder Mensch hat seine eigene *Muttersprache der Liebe*, die er bereits aufgrund seiner Geschichte, alter Beziehungsmuster und Prägungen in die Partnerschaft mitbringt. Die gemeinsame *Sprache der Liebe* innerhalb der Beziehung bildet sich aus diesen zwei erlernten Grundmustern mit seinen besonderen Dialekten. Sie ist ein ganz individuell geprägter Ausdruck von Zuneigung und Verbundenheit und unterscheidet sich daher natürlich von Paar zu Paar.

Oft kümmern sich beide Partner nicht ausreichend um ihre besondere Sprache der Liebe. Was zu Beginn der Beziehung meist intuitiv ganz leicht erscheint, endet mit der Zeit in einem unverständlichen Liebeskauderwelsch. Mann und Frau drücken dann zwar ihre Zuneigung und Liebe aus, ihre Liebsten verstehen die Zeichen aber nicht oder nehmen sie gar nicht wahr. Um daraus entstehende Missverständnisse oder Kränkungen zu vermeiden oder aufzulösen, möchten wir Ihnen die vom amerikanischen Paartherapeuten Gary Chapman definierten *Sprachen der Liebe* vorstellen. Machen Sie sich auf eine Expedition zu Ihrer eigenen Muttersprache und der gemeinsamen Sprache der Liebe mit all ihren Redewendungen und Dialekten.

Sprache 1: Lob, Anerkennung und Ermutigung: Viele Menschen fühlen sich durch liebevolle und anerkennende Worte genährt und geliebt. Sie freuen sich über Sätze wie *»Danke, dass du immer so toll für mich kochst!«, »Heute siehst du ganz besonders gut aus!«* oder *»Ich bin beeindruckt, das ist dir echt gut gelungen!«*. Sollten sie sich unsicher fühlen und sich von Zweifeln lähmen lassen, dann hilft ihnen ein aufrichtiges *»Du schaffst das!«, »Ich glaube an dich!«* oder *»Wie kann ich dir helfen?«*.

Sprache 2: Zweisamkeit: Vielfach messen Mann und Frau Zuneigung daran, ob ihre Liebsten ihnen Aufmerksamkeit und Zeit widmen. Dabei geht es um gemeinsame, präsente *Qualitätszeit*, in der beide bewusst etwas miteinander unternehmen, sich austauschen über Dinge, die sie bewegen, oder gemeinsam lachen können. Dies kann bei einem Spaziergang im Park passieren, beim Kuscheln am Sofa oder beim gemeinsamen Unkrautjäten im Garten. Qualitätszeit bedeutet:

»Ich habe jetzt Zeit nur für dich und uns und für das, womit wir unsere Zeit gestalten wollen.«

Sprache 3: Geschenke: Oft fühlen sich Mann und Frau besonders geliebt, wenn sie beschenkt werden. Dabei geht es nicht darum, was die Liebesgabe gekostet hat. Vielmehr soll sich in dem Geschenk widerspiegeln, dass der bzw. die Liebste an den Beschenkten bzw. die Beschenkte denkt, versteht, wie es ihm oder ihr geht und was sie oder ihn bewegt oder erfüllt. Das kann ein Buch sein, eine Blume vom Wegesrand oder Eintrittskarten für ein Konzert. Ein besonderes Geschenk kann auch ein geheim organisiertes Geburtstagsfest sein oder ein Überraschungswochenendkurztrip in ein Lieblingshotel.

Sprache 4: Hilfsbereitschaft: Fühlen sich Partner über kleine Dienstleistungen und helfende Handgriffe geliebt und gehalten, dann geht es ihnen um Wertschätzung für das, was sie leisten, und um Interesse für ihre Projekte. Sie wünschen sich, dass der bzw. die andere bei einer gemeinsamen Arbeit mit ihnen Zeit verbringt oder sie von einer Alltagslast gänzlich freispielt. Er oder sie soll für sie aktiv werden, ohne ihnen diese Liebesdienste in einem anderen Zusammenhang vorzuhalten. Das kann ein Behördengang sein, den er für sie erledigt, das Rasenmähen und das Wechseln der Autoreifen ebenso wie das Flicken einer Hose oder auch das Ausräumen des Geschirrspülers.

Sprache 5: Zärtlichkeit: Viele Menschen brauchen körperliche Nähe, um ihre Liebestanks aufzutanken. Kleine Berührungen im Alltag, Umarmungen, Küsse oder berührender Sex lassen in ihnen das Gefühl von Verbindung und Liebe entstehen. Jede liebevolle körperliche Geste, jede Zärtlichkeit flüstert dabei: *»Ich liebe dich!«*

Erkunden Sie, was Sie brauchen, um sich geliebt zu fühlen. Erforschen Sie Ihre persönliche Sprache in all ihren Nuancen und Ausprägungen. Erzählen Sie einander anschließend davon, ganz ohne Schuldzuweisungen oder Bewertungen (*»Du hättest doch wissen müssen, dass ...«* oder *»Du verstehst auch gar nix!«*).

Stellen Sie sich folgende Fragen zu Ihrer persönlichen Sprache der Liebe:

- Besonders geliebt fühle ich mich, wenn ...
- Um mich gehalten und sicher zu fühlen, brauche ich ...
- Im Miteinander sehne ich mich am meisten nach ...
- Von meinem bzw. meiner Liebsten wünsche ich mir ...
- Ich zeige meine Liebe durch ...

Seien Sie aufmerksam! Lernen Sie die Sprache der Liebe Ihres Lieblings so detailgenau wie nur möglich und machen Sie es sich zur Gewohnheit, diese regelmäßig zu nutzen! Wie beim Erlernen aller Sprachen, muss auch diese immer wieder geübt und angewendet werden, um sie fließend sprechen zu können. Schenken Sie täglich (!) Ihre Zuneigung mit freiwilligen, kleinen Gesten, die Ihr Partner bzw. Ihre Partnerin tatsächlich versteht. So füllen Sie gegenseitig Ihre Liebestanks auf und können daraus für Ihre gemeinsame Reise Kraft und Freude schöpfen.

Führen Sie ein Liebestagebuch

Im stressigen Alltag tendieren wir alle dazu, bereits bekannten, alten und schnell abrufbaren Mustern zu folgen. Um Ihre Beziehungsqualität und Ihren Lebensstil jedoch nachhaltig zu verändern, ist es unerlässlich, alte Muster beharrlich und gezielt durch neue zu ersetzen. Dafür braucht es viel Übung und regelmäßige Wiederholung. Dann werden die angesprochenen Verhaltensänderungen im Alltag verankert und mit der Zeit zur neuen Selbstverständlichkeit.

Auf diesem Weg war für uns das *Liebestagebuch* besonders hilfreich. Wir sind überzeugt, dass es auch Ihnen dabei helfen kann, auf Kurs zu bleiben, begonnene Veränderungen tatsächlich im stressigen Alltag umzusetzen und zur neuen Lebens- und Beziehungsrealität zu machen.

Gestalten Sie sich dazu eine Tabelle (siehe Beispiel). Tragen Sie an jedem Tag der Woche ein, wie oft Sie einander in welcher Form begegnet sind, wie Sie Ihre Beziehung an diesem Tag erlebt haben. Machen Sie Spalten für die unterschiedlichen Möglichkeiten, wie Sie einander guttun wollen (Sprachen der Liebe, Präsenzzeiten, Offenheit, …), aber auch für negative Verhaltensmuster (wie z.B. die Apokalyptischen Reiter), die Sie in Zukunft bewusst vermeiden möchten.

Tragen Sie nun täglich jeder für sich ein, wie Sie Ihre Beziehung an diesem Tag erlebt haben. Wie offen waren Sie, wie präsent? Wie viele Wertschätzungen haben Sie ausgesprochen? Haben Sie ihre oder seine Sprachen der Liebe gesprochen? Hatten Sie achtsame Begegnungen, präsente Qualitätszeit? … Beenden Sie jeden Tagesbericht mit einer zusammenfassenden Anmerkung zu Ihrem Tag. Auf diese Weise bleiben nicht nur – wie üblich – die kleinen Misserfolge im Gedächtnis. Vielmehr können Sie so über das viele Positive, das Ihnen bereits gelungen ist, Kraft für Ihren weiteren Weg sammeln.

Sprechen Sie regelmäßig über Ihre Wahrnehmungen. Teilen Sie Ihre Freude miteinander. Arbeiten Sie gemeinsam daran, was Sie ändern oder verbessern wollen, und bleiben Sie Ihrer gemeinsamen Beziehungsreise auf der Spur.

Übung zum Liebestagebuch

Liebestagebuch zur Unterstützung Eurer bewussten Beziehung

	Offenheit (Skala 0–10)	Wertschätzung	(Mini) Dialog	Liebevolles Verhalten	Umarmung	Liebesact	Spaßfakt	Gemeins. Aktivität	Spielkarten	Sliding Doors	Überraschung	Apokalypt. Reiter	Anmerkungen
Mo	8	3 Stk.	I	II	III	–	–	–	I	–	–	I	Ich bleibe dran
Di	4	1 Stk.	–	–	I	–	–	–	–	–	–	II	Morgen wird's besser
Mi	9	5 Stk.	I	III	IIII	15 Min.	I	I	III	I	–	I	Jawohl es geht!
Do	6	2 Stk.	–	–	I	–	–	–	I	–	–	II	Heute hamma uns gar nicht gesehen
Fr	7	7 Stk.	–	IIII	II	–	–	–	–	–	I	I	Das mit der WS klappt jetzt richtig gut: Auch in der Firma
Sa	4	5 Stk.	–	–	II	10 Min.	–	–	–	II	–	–	Heute war nicht viel Zeit durch die Hochzeit von M&S
So	10	6 Stk.	I	II	5	2 h!	–	5 h	I	II	–	I	Das Leben ist schön

www.challangeoflove.at

Unverschämt glücklich – wie Sie erfüllt und sinnlich leben

Let yourself be silently drawn by the strange pull of
what you really love. It will not lead you astray.
(JALALUDDIN RUMI)

Genießen Sie die Inseln tiefgehender Freude, die auftauchen, wenn Sie anhaltend in wachsende Bewusstheit und fortschreitende Heilung auf emotionaler Ebene investieren. Kosten Sie diese mit all Ihren Sinnen aus und lassen Sie sich voller Hingabe auf diese Momente ein. Dann erleben Sie, wie sich gelassen-freudige Zuversicht in Ihrem Leben ausbreiten wird, denn im Gegensatz zu schnellem Spaß und oberflächlicher Lustbefriedigung ist Freude ein Prozess.

Unser gewohntes Lebensgefühl sagt uns meist, dass alles schnell gehen muss, denn wir leben in einer Spaß- und Lustgesellschaft. Bungee-Jumping, Energydrinks, Leistung, schnelle Autos, Drogen, Pornos, Adrenalinkicks, … Wir wollen Spaß und Lust auf Knopfdruck, natürlich auch im Bett. Das Motto lautet daher: »Fast Sex« – Reizsteigerung mit einem erschöpfenden Orgasmus als ultimativem Ziel.

Das ist auf keinen Fall schlecht oder verwerflich. Schneller Sex hat seinen Reiz und soll auf keinen Fall von der gemeinsamen Agenda gestrichen werden. Diese einseitige Wahrnehmung von Sex ist jedoch unvollständig, denn Sexualität kann so viel mehr. Sex kann körperlich verschmelzende Vereinigung voller Hingabe und frei jeglicher Vorhersehbarkeit sein. Mann und Frau können im Liebesspiel gemeinsam Freude, Liebe, Lust und Ekstase erleben, welche sich über die eigentliche Begegnung hinaus in ihr Leben und die gemeinsame Beziehung ausdehnen.

Wie viele Menschen dachten auch wir beide lange Zeit, Ekstase sei etwas Unerreichbares, das nur Menschen erleben können, die besonders »erleuchtet« oder besonders »verrückt« sind. So wussten wir von Ekstase, die im Zusammenhang mit psychischen Krankheiten oder Drogenmissbrauch steht. Unsere katholische Erziehung gemahnte uns, dass Ekstase überhaupt nur in Form der heiligen Verzückung existiert und für uns Normalsterbliche natürlich unerreichbar war. Schon gar nicht durfte bzw. konnte wahre Ekstase also mit Sexualität zu tun haben. Davon konnten uns die Bilder von ekstatisch verzerrten Gesichtern in Pornos oder anderen Medien nicht überzeugen. Wir fanden sie im Gegenteil unecht, unbewusst und abstoßend.

Doch wir Ekstase-Skeptiker wurden beschenkt mit der Einsicht, dass Ekstase für jedermann und jederfrau erreichbar ist und dass diese überhaupt nichts mit lasziver Dauergeilheit oder krankheitsbedingter Euphorie zu tun hat. Tatsächlich erfuhren wir sie manchmal sehr still, dann wieder wild und laut – jedenfalls immer anders und völlig unerwartet. Sie stellt sich dann ein, wenn Liebe und Sinnlichkeit, ohne Zwang und ohne Erwartungshaltung, einfach fließen können. Lebendigkeit pulsiert in jeder Zelle, jedem Bereich des Körpers. Ganz im Gegensatz zur weitverbreiteten Annahme, es handle sich um völliges »Außer-sich-Sein«, erkannten wir, dass wir in Ekstase ganz »bei uns« sind. *Ich* bin ganz *ich* und doch auch mit dem *Du* auf körperlicher Ebene zu einem *Wir* verbunden. Wir kommen ganz bei uns selbst an und können ungewöhnlich lange bei uns selbst, in unserer Mitte, bleiben. Durch diese innere Zentrierung können nen unsere kontrollierenden Instanzen loslassen. Wir erleben uneingeschränkt im Hier und Jetzt. Wir öffnen uns, lassen uns von Hingabe an unser Leben, uns selbst und unser Miteinander tragen und erfahren die Welt um uns in völlig neuem Licht.

Mittlerweile sind wir der Überzeugung, dass alle Menschen für das Erleben von Ekstase geschaffen sind und diese so oft und so lange wie möglich, auf legalem und gesundem Wege, leben und auskosten können, dürfen und sollen. Sie klärt unser Bewusstsein, erweitert unseren Horizont und lässt uns über uns hinauswachsen. Ekstatische Verzückung und Freude können, Gott sei Dank, auf vielen Wegen erfahren werden, z.B. durch Tanz, Meditation, intensive Naturerlebnisse, Sport, Musik oder Malerei. Aber besonders die körperliche Liebe, getragen von einer tiefen liebevollen Verbindung, lässt uns durch ein unsichtbares Tor aus unserem Alltagsbewusstsein in die strahlende Landschaft bewusster Ekstase treten. Wir können in einen Bewusstseinszustand unglaublich vielfältiger Qualitäten eintreten und diesen erforschen. Wir erfahren die heilende Wirkung von erfüllendem Sex und spüren, wie sich dadurch innere Mauern und Gebote auflösen. Wir finden zu unserem eigentlichen *Ich*, können uns uneingeschränkt als Mann bzw. Frau erleben und erfahren, wie sich unser (Beziehungs-) Leben in ungeahnte Dimensionen erweitert.

In unseren Augen gibt es nichts Schöneres, als Verzückung, Ekstase und Wachstum gemeinsam mit unseren Liebsten zu erfahren. Daher ermutigen wir Sie, Ihr Abenteuer über die Ebenen 1 (Selbstliebe) und 2 (emotionale Verbindung) hinaus auszudehnen und mit uns jetzt auf der 3., der sexuellen Ebene weiterzuführen. Pflegen Sie die bewusste Verbindung zu sich selbst und Ihrer Partnerin bzw. Ihrem Partner. Aber bleiben Sie nicht an diesem Punkt stehen. Gestatten Sie sich die Erfüllung Ihrer Sehnsucht nach anhaltend verbundener Sexualität und gemeinsamer Hingabe mit Ihrem oder Ihrer Liebsten. Erlauben Sie sich, über sich selbst und über Ihr aktuelles Leben hinauszuwachsen und gemeinsam neue Dimensionen und Möglichkeiten zu finden, zu erkunden und zu leben. Selbst wenn Ihnen der Gedanke zunächst noch als unangemessen, übertrieben oder unmöglich erscheinen mag.

Das sexuelle Ich

Wie in anderen Beziehungsbereichen geht es auch bei der Sexualität zunächst um das Ich, bevor es um das gemeinsame Wir gehen kann. Denn hier bestimmt die eigene Beziehung zu uns als sexuellem Wesen, wie gut wir dieses leben und spüren können. Es lohnt sich, über unseren eigenen persönlichen sexuellen Ausdruck, über unsere Bedürfnisse, Sehnsüchte und Wünsche Bescheid zu wissen. Dann können wir diese aktiv kommunizieren und unsere Sexualität erfüllend gestalten.

Scham und Sexualität

Vielleicht verursacht Ihnen der Gedanke Unbehagen, Ihrer Sexualität und Ihrem sexuellen Potenzial zu begegnen. Denn geht es um Körperlichkeit und Sexualität, beginnt Ihr Drache möglicherweise besonders laut zu brüllen und zu toben. Das geht vielen Menschen so. Denn in der eigenen Körperlichkeit und Sexualität wurden sie kulturell und individuell besonders oft und intensiv beschämt. In unserer Kultur wird nämlich das lustvolle Erfahren des eigenen Körpers stark durch Verbote, Gebote und das grundsätzliche Gefühl der Peinlichkeit gestört und entstellt. Öfter als bei anderen Themen lautet dabei die Botschaft *»Was du da machst oder brauchst, ist unnatürlich, grauslich,* (eventuell sogar) *böse!«*. Diese Signale vermitteln dem Kind oder Erwachsenen, dass seine Freude, sein Wunsch oder sein Erleben *abnormal* wären. Daraus resultiert nicht das Gefühl, etwas Schlechtes zu *machen*, sondern abnormal, abartig, einfach schlecht zu *sein*!

Genau das wollen wir alle jedoch nicht. Wir wollen gut sein und geliebt werden. Daher landen beschämende Lebendigkeitsanteile besonders tief vergraben im Kühlschrank, vielleicht sogar im Tiefkühlfach. Oft gar so tief, dass im Alltag überhaupt keine bewusste Erinnerung, kein Raum bleibt, um jene körperlichen Sehnsüchte zu erkennen. Die Fragen *»Wie will ich meine Körperlichkeit spüren und leben?«* und *»Wie frei darf ich meine Sexualität leben?«* stellen sich daher meist nicht. Nur, wenn eine andere Person im Umgang mit Ihrem Körper in Ihnen gespeicherte Tabus berührt oder wenn Ihr Partner bzw. Ihre Partnerin sexuelle Wünsche hat, die eben solche tiefgekühlten Anteile in Ihnen betreffen. Dann reagiert Ihr Drache besonders heftig mit *»Das ist ja pervers!«*, *»Sei nicht so widerlich!«* oder auch *»Ich mache so etwas nicht!«*.

Wenn etwas für Sie so grundlegend »unmöglich« scheint, wenn der Drache also besonders gefährlich grollt, dann ist Scham im Spiel. Die Soziologin Brené Brown schreibt dazu in ihrem Buch *Verletzlichkeit macht stark*: *»Scham ist universell und eine der ursprünglichsten menschlichen Emotionen, die wir erleben. Die einzigen Menschen, die sich nicht schämen, sind solche, denen es an der Fähigkeit zu Empathie und zu menschlicher Verbundenheit mangelt. Wir haben alle Angst, über Scham zu sprechen. Je weniger wir über Scham sprechen, umso mehr Kontrolle gewinnt sie über unser Leben.«*

Jeder einzelne Mensch kämpft also mit Schamgefühlen. Jeder versucht, sie zu verbergen, nährt sie dadurch und macht sie unüberwindbar. Manchmal passiert es im Laufe der Beziehung, dass sich eine Person vor der anderen in ihrer Nacktheit zu schämen beginnt, weil sich der Körper mit dem Alter verändert. Sie zieht sich deswegen immer etwas an. Dies führt dazu, dass sich die andere Person auch zu bekleiden beginnt, weil sie sich sonst in ihrer alleinigen Nacktheit schämen würde. So führt die Scham zu einem Mangel an Nähe zwischen den beiden.

Nehmen Sie Kontakt zu Ihrer sexuellen Identität auf!

Schon von klein auf lernen wir unbewusst über die Bilder in den Medien, wie Mann und Frau aussehen (sollten) und wie sie funktionieren. Durch das Retuschieren von Gesicht und Körper wird uns ewige Jugend, Straffheit und muskulöse Schlankheit vorgetäuscht. In der Realität entspricht jedoch niemand diesem schematischen Abbild von Mann und Frau. Trotzdem streben viele Menschen verzweifelt danach, dieses vorgegebene Ideal zu erfüllen, indem sie sich z.B. vieles an Genuss verwehren oder schmerzhaften körperlichen Eingriffen unterziehen.

Wie jedes Gesicht anders ist, hat auch jeder Mensch seine ganz persönlichen Proportionen, seine ganz individuelle Figur. Das gilt natürlich auch für die Geschlechtsorgane. Jeder Penis ist unverwechselbar. Keine Brust, keine Vagina gleicht einer anderen. Ob groß oder klein, üppig oder zart, stark behaart oder mit luftigem Flaum besetzt, ob dunkel oder hell, gekrümmt oder gerade – jedes Lustorgan ist einzigartig, richtig und wunderschön.

Dem Tabu unserer Gesellschaft entsprechend, haben jedoch viele Menschen nie gelernt, zu ihrer Sexualität zu stehen. Sie kennen ihre Genitalien nicht oder kaum und können ihre Einzigartigkeit nicht wertschätzen. So sind sowohl Frauen als auch Männer oft unsicher und unerfahren, wenn es um ihre Intimzone geht. Viele Männer betrachten und vergleichen ihren »Luststab« ebenso skeptisch mit anderen wie die meisten Frauen ihre Brüste. Wie ihre sexuelle Mitte, ihr Venushügel und ihre Liebeshöhle, wirklich aussehen, davon haben die meisten Frauen überhaupt keine Ahnung. Wohlwollendes Selbstbewusstsein ist aber die Grundbedingung für erfüllende gemeinsame Sexualität. Denn erst wenn wir selbst unsere Körper – und im Besonderen unsere Lustorgane – mit Freude wahrnehmen und liebevoll beleben, können wir von unseren Liebsten Anerkennung und körperliche Wertschätzung erfahren und annehmen. Erst wenn wir unsere eigene Besonderheit anerkennen, können wir die Einzigartigkeit unseres Partners bzw. unserer Partnerin wertschätzen und liebevoll erforschen.

Wir wollen Sie daher ermutigen, sich näher mit Ihren Lustzonen zu beschäftigen. Natürlich ist eine ihrer Aufgaben, Leben zu schaffen. Darüber hinaus sind sie aber auch sensible Instrumente und Ausdrucksmittel unserer Verbindung und Liebe. Zwar ist unser ganzer Körper für die Liebe geschaffen, unsere Vereinigungsorgane ermöglichen uns jedoch, einander ganz nahe zu sein, uns miteinander körperlich zu verbinden und eins zu werden.

Der Penis – Botschafter der Liebe: Vielfach bekannt ist der Penis als Lustspender, denn in der Eichel und der Vorhaut befindet sich eine Unzahl an Nerven, und er lässt den Mann höchste Lust empfinden. Der Penis ist aber mehr als das. Als hochsensibles, wundervolles Organ kann es seinen Besitzer und dessen Liebespartnerin liebevoll erfüllen und glücklich machen. Ruht der Mann nämlich in sich und ist in seinem Körper und seinem Penis präsent, kann der Penis in der Vereinigung mit einer Frau zum heilenden Zauberstab werden. Dann kann ein Mann über seinen Penis Verspannungen tief in der Scheide der Frau erspüren und durch liebevolle

Präsenz auflösen. Ein Energiefluss vom Penis des Mannes zum Muttermund seiner Partnerin kann entstehen, der auch die Herzen der beiden erreicht und voller Liebe zum Schwingen bringt.

Als Liebessensor reagiert er hochempfindlich auf Berührung, aber auch auf weniger greifbare Energie. So reagiert der empfindsame Liebesseismograf sogar auf das Verhalten, die Einstellung oder abwertende Gedanken der Umwelt oder der Partnerin mit plötzlichem Erschlaffen, auftretenden Erektionsstörungen, vorzeitiger Ejakulation oder Impotenz. Vielen Männern ist nicht bewusst, dass Stress am Arbeitsplatz, mangelnde Zeit für körperlichen Ausgleich und verdrängte Gefühle Auswirkungen auf ihre körperliche Liebesfähigkeit haben.

Die Vagina – Geheimgang des Glücks: Nicht nur sehen die Lustorgane jeder Frau ganz unterschiedlich aus, auch sind die Größe, die Feuchtigkeit und der Duft von Frau zu Frau unterschiedlich. Jede Frau hat außerdem ganz individuell verzweigte Beckennerven und kommt daher, unabhängig von ihren persönlichen Vorlieben, auf ihre ganz eigene Art und Weise zum Orgasmus – manche mit Ejakulation, manche ohne. Ob und wie eine Frau zum Höhepunkt gelangt, entscheidet unter anderem der Abstand zwischen Klitoris und Vagina. Je näher die beiden zueinander liegen, desto mehr Nerven werden beim aktiven Liebesspiel automatisch stimuliert und umso einfacher erreicht die Frau einen Höhepunkt. Kommt eine Frau hingegen bei der Vereinigung nicht (leicht) zum Orgasmus, heißt das nicht, dass sie frigide oder »orgasmusunfähig« wäre. Vielmehr misst dann meist der Abstand zwischen Klitoris und Vagina mehr als zwei Fingerbreit. Dann braucht sie für einen Orgasmus wahrscheinlich zusätzliche Stimulation während, vor oder nach der Vereinigung. Diese kann, je nach Vorliebe, über die Klitoris oder den G-Punkt erfolgen und erzeugt dadurch unterschiedliche Arten des sexuellen Höhepunktes. So gibt es neben dem klitoralen auch einen vaginalen Orgasmus, denn auch die Vagina ist von unzähligen Nerven durchzogen. Da gibt es etwa, neben dem für jede Frau unterschiedlichen G-Punkt, auch vor dem Muttermund hochsensible Zonen. Ist die Frau ausreichend erregt und empfindsam, kann sie dort der liebende, präsente Penis ihres Partners in höchste Verzückung und Ekstase versetzen und ihr tiefe Orgasmen, die dort ausgelöst werden, bescheren.

Aber die Vagina kann noch viel mehr. Wir bezeichnen die Vagina gerne als Geheimgang des Glücks. Nicht nur, weil sie den Penis des Mannes willkommen heißt, ihn energetisiert und die Verschmelzung körperlicher mit emotionaler Liebe möglich macht. Sondern auch, weil heute bekannt ist, dass die Nerven der Lustorgane der Frau direkt mit dem Gehirn verbunden sind. So ist erklärbar, dass eine Frau, wenn sie anhaltend und erfüllend ihre ganz individuelle Sexualität lebt, dies unmittelbar ihre Lebendigkeit, ihre Lebensfreude, ihr Selbstwertgefühl, ihre Kreativität und ihre Strahlkraft positiv beeinflusst und vertieft.

Der Busen – Früchte der Liebe: Auch die weibliche Brust ist weit mehr als ein Lockmittel für potenzielle Sexualpartner. So offensiv der Busen als Schönheitsattribut uns im täglichen Leben auf Schritt und Tritt begegnet, können viele Frauen selbst jedoch keine Verbindung mit dieser so bedeutenden Zone ihrer Weiblichkeit herstellen und spüren. Sie können ihre Liebesfrüchte nicht von innen heraus wahrnehmen und empfinden sie manchmal sogar als kalt, unangenehm oder als störende Anhängsel.

Eine Vielzahl an Frauen erfährt die intensive Nervenverbindung zwischen Vagina, Klitoris und dem weiblichen Busen vor allem beim Stillen ihrer Babys, wenn die Saugbewegungen des Kindes spürbare Kontraktionen der Gebärmutter auslösen. Tatsächlich aber ist der Busen auch beim

Sex unmittelbar mit den weiblichen Liebeszonen der Mitte verbunden und ist ein wesentlicher Bestandteil des sexuellen Ichs jeder Frau. Nicht zufällig werden die Göttinnen der Liebe verschiedenster Kulturen mit wohlgerundetem, manchmal sogar außergewöhnlich großem Busen dargestellt. Nicht zufällig stellen sich bei körperlicher Erregung die Brustwarzen der Frau auf. Nicht zufällig gilt die Brust für die meisten Frauen als bedeutende erogene Zone und schon die Stimulation der Brustknospen oder der ganzen Liebesfrüchte kann manche Frauen in orgiastisches Verzücken versetzen.

Ein »lebendiger« Busen kann jedoch noch viel mehr. Weil er energetisch mit der Herzensqualität verbunden ist, vereinigt sich leidenschaftliche Lust umso leichter mit inniger Liebe, je stärker und belebter die Frau ihn von innen spüren kann. Über die unmittelbare sexuelle Verbindung hinaus, ist er für viele Frauen außerdem der Sitz ihres weiblichen Selbstbewusstseins und ihrer Freiheit als Frau. Ob Melonen, Pfirsiche, Äpfel, Orangen oder Zwetschken – es lohnt sich also für jede Frau, ihre Liebesfrüchte von äußerlichen Bewertungen zu befreien und sich ihnen stattdessen von innen heraus achtsam und liebevoll zuzuwenden.

Empfindsamkeit des Liebeszentrums

Viel zu wenige Menschen wissen um die tiefen Empfindungen, welche ihnen ihre Liebesorgane ermöglichen können und lassen ihnen daher nicht die nötige Achtung und Aufmerksamkeit zukommen. So beschneiden sie ihr sexuelles Erleben allerdings um wesentliche Dimensionen, denn der Schlüssel zu energetischer Verbindung, ekstatischer Lust und fließender Liebe ist die Empfindsamkeit des Körpers und seiner Liebeszentren.

Wie in ihrem Alltag auch, sucht die Mehrheit in der Sexualität oft den schnellen Kick durch intensive Reize und benutzt ihren Körper in diesem Zusammenhang lieb- und achtlos. Schnelle Reibung, harte Stöße, ruckartige Bewegungen, aber ebenso der häufige Einsatz von Vibratoren oder anderem »luststeigernden« Sexspielzeug lässt ihre Lustorgane abstumpfen. Immer intensivere Reize werden notwendig, um Lust und Orgasmen erzeugen zu können.

Achtsames körperliches Verschmelzen, das körperliche Einssein miteinander und sexuelle Ekstase brauchen hingegen Zeit, Selbstachtung, Verbindung und Übung. Sie sind bereits auf dem richtigen Weg, wenn Sie bewusst bleiben und Tag für Tag Ihre Beziehung zu Ihrem Körper und zueinander stärken. Gehen Sie nun aktiv einen Schritt weiter. Befreien Sie sich vom Bild, wie Sie oder Ihr Liebster bzw. Ihre Liebste aussehen, empfinden und funktionieren sollten, und erkunden Sie Ihre Lustorgane voller achtsamer Neugierde, Freude und Wertschätzung.

Übung zur liebevollen Erforschung der eigenen Lustorgane
Nehmen Sie sich ausreichend Zeit allein für sich. Tun Sie, was immer Ihnen guttut, um aus Ihrem Alltag auszuschwingen. Bereiten Sie sich einen Ort, an dem Sie ungestört bleiben, sich wohlfühlen und entspannen können. Bereiten Sie einen Handspiegel vor.
Verbinden Sie sich mit Ihrem tiefen Atem. Lassen Sie auftauchende Gedanken weiterziehen und gestatten Sie sich, eventuell auftauchenden Ängsten und Zweifeln mit liebevollem Selbstmitgefühl zu begegnen. Atmen Sie jedes Mal tief durch, wenn sich Ihr Schamempfinden bzw. Ihr Drache bemerkbar machen sollten. Bleiben Sie aber weiterhin bei Ihrem Vorhaben und lassen Sie sich von Ihrem Drachen nicht irritieren.
Sind Sie im Hier und Jetzt angekommen, entkleiden Sie sich langsam. Wenn Sie nackt sind, wenden Sie sich dann voller Respekt und liebevoller Achtung Ihrem Lustzentrum zu.

Nehmen Sie den Spiegel zur Hand und betrachten Sie damit Ihren Tempel der Lust ausführlich und von allen Seiten. Schenken Sie sich Ihre liebevolle Wertschätzung und ein wohlwollendes Lächeln. Nutzen Sie all Ihre Sinne und ertasten, riechen, betrachten und schmecken Sie jedes Detail Ihres Lustinstruments und lassen Sie sich von der besonderen Schönheit und Empfindsamkeit dieser Körperzone überraschen.

Erfahren Sie als Frau Ihre Klitoris, Ihre Behaarung, Ihre äußeren und inneren Lustlippen, Ihre Scheide, Ihren Scheideneingang, Ihren Muttermund. Wie fühlen sich die Wände Ihrer Vagina an? Wo ist Ihr G-Punkt? Wie verläuft Ihr Liebestunnel? Erforschen Sie den Abstand zwischen Ihrer Vagina und Ihrer Klitoris ...

Erfahren Sie als Mann Ihre Behaarung, Ihre Hoden in den Hodensäcken, Ihren Penis, Ihre Eichel, die Vorhaut ... Wie fühlt sich Ihr Penis am Schaft, an der Spitze, ... an? Wo sind besonders empfindliche Stellen? Wie fühlen sich die Hoden in den Hodensäcken an? Können Sie die Samenleiter in den Hodensäcken ertasten? ...

Nehmen Sie sich Zeit und erkunden Sie Form, Farbe sowie Beschaffenheit und erleben Sie, wo welche Berührungen angenehm sind. Benennen Sie Ihre Lustorgane und schenken Sie ihnen liebevolle Kosenamen.

- Nehmen Sie sich bald darauf Zeit für eine gemeinsame achtsame Begegnung mit Ihrem bzw. Ihrer Liebsten. Erzählen und zeigen Sie einander Ihre Schönheit. Ehren Sie sich selbst und einander mit liebevoller Neugierde.

Wandeln Sie alte Tabuzonen in blühende Gärten Ihres sexuellen Selbstbewusstseins

Vielen Menschen wird diese wertschätzende Erkundung ihres sexuellen Zentrums nicht leichtfallen.

Wenden Sie sich jedoch trotzdem all dem zu, was auftaucht. Spüren Sie, was da ist. Gehen Sie voller Zuversicht und Mut tiefer. Blicken Sie hinter die Fassade der eingelernten Prinzipien. Erkennen Sie den Ausgangspunkt Ihrer Scham und achten Sie auf tief vergrabene, unterdrückte Anteile in Ihrem Kühlschrank.

Nehmen Sie sich in regelmäßigen Abständen Zeit für sich und beschäftigen Sie sich nach und nach mit den folgenden Fragen. Dabei empfehlen wir, dass sie pro Begegnung ein oder zwei Fragen intensiv behandeln.

Danken Sie Ihrem Drachen für jeden Hinweis und heißen Sie jede neu entdeckte Facette Ihres sexuellen Wesens behutsam willkommen. Versuchen Sie, sich bei jedem wiederentdeckten Wesensteil daran zu erinnern, wie dieser in Ihren Kühlschrank gelangt ist und ob er Ihnen gefehlt hat. Geben Sie sich selbst die Erlaubnis, zu Ihrem sexuellen Ich und seiner Einzigartigkeit zurückzufinden. Spüren Sie, wie sich dadurch Freiheit und Intensität in Ihrem gesamten Leben ausbreiten und sprechen Sie – achtsam und wertschätzend – mit Ihrem bzw. Ihrer Liebsten darüber.

Fragen Sie sich, wie Sie Ihr sexuelles Ich wahrnehmen:
- Kann ich mich selbst wohlwollend betrachten?
- Kann ich ohne Scham liebevoll über meinen Körper und meine persönliche Sexualität sprechen?
- Wenn nicht, was hindert mich daran? Welche Bilder kommen in mir hoch?
- Welche einschränkenden Botschaften im Bereich Sexualität kenne ich aus meiner Kindheit/Jugend?
- Sie lösen in mir aus, …
- Wie wurde mit Körperlichkeit, Sinnlichkeit und Sexualität in meiner Familie umgegangen?
- Wie lebe ich sie heute (mit mir selbst, in meiner Beziehung)?
- Was weiß ich über mein körperliches Lustzentrum?

- Kann ich meine Lustorgane von außen und innen fühlen?
- Falls nicht, was hindert mich daran?
- Wie geht es ihnen? Welche Signale senden sie mir? Sind sie kalt, warm, hart, weich, ...?
- Was brauchen sie von mir?
- Was weiß ich über meine sexuellen Bedürfnisse?
- Welche Ängste habe ich in Bezug auf meine Sexualität? Woher kommen diese?
- Welche Vorstellungen prägen meine Sexualität und meinen Umgang mit meinem Körper?
- Wie lebe ich meine Weiblichkeit bzw. meine Männlichkeit?
- Was verbinde ich mit diesem Wort?
- Habe ich Vorbilder, die ihre Weiblichkeit/Männlichkeit auf eine Art leben, die mir zusagt?
- Was davon möchte ich auch leben?
- Bin ich bereit, wieder mehr Sinnlichkeit und Erotik in meinem Leben und meiner Beziehung zuzulassen und zu leben?

Geben Sie nicht auf, auch wenn es manchmal »blöd«, »sinnlos«, »peinlich« oder gar »abartig« scheint. Erinnern Sie sich, immer wenn es ungemütlich wird, an Ihren Mut, selbst wenn für den Moment Ängste oder sogar körperliche Schmerzen auftauchen. Sie sind auf dem richtigen Weg! Große Veränderungen gehen manchmal einher mit großer Angst. Und tatsächlich geht es um große Veränderung, nicht nur um gesteigerte Lust und intensivere Orgasmen. Denn unsere Sexualität ist unmittelbar verknüpft mit dem Leben, das wir führen. Die Befreiung unserer Sexualität ist gleichzeitig eine Befreiung unserer Lebensenergie, unserer Lebendigkeit und unseres Selbstverständnisses als Mann bzw. Frau.

Erinnern Sie sich immer daran, dass Sie nicht allein sind. Bleiben Sie in Verbindung mit Ihren Verbündeten –

Ihrem bzw. Ihrer Liebsten und guten Freunden. Stellen Sie Fragen, sprechen Sie Gefühle aus, stehen Sie zu etwaigen Ängsten oder Sorgen. Achten Sie dabei auf Ihre Kraft und Ihre Grenzen, aber folgen Sie beharrlich den Signalen Ihres Körpers Schritt für Schritt in die Tiefe, zum Kern Ihrer Lebendigkeit und Lebensenergie.

Wie Sie Ihre Sinnlichkeit und Lust im Alltag leben

Elisabeth erzählt: lustvolle Frau

Empfinde ich mich als lustvolle Frau, bin ich in einem entspannten Wohlgefühl mit mir selbst. Ich spüre eine starke Verbindung von meinem Herzen zu meinem Becken und genieße das strömende, lustvolle Gefühl in meinem Unterbauch bei jedem Ausatmen.

Mein Alltag stützt sich auf Liebe und Dankbarkeit und ist voller Freude und Kreativität. Mein Herz ist offen und ich komme leicht ins Gespräch mit Menschen. Mein Lächeln belebt meinen Alltag, ich lache gerne und viel. Ich mag mein Spiegelbild und ziehe mich schön an. Rundum zufrieden mit mir, kann ich mich mir selbst und meinen Lieben öffnen und zeigen. Aufgrund meiner Gelassenheit bereiten mir dann auch schwierigere Situationen keine Probleme. Ich bin stark und zuversichtlich und probiere jetzt auf allen Ebenen gerne Neues aus.

Vor allem in der Beziehung mit Stefan erlebe ich mich dann liebevoll und ganz offen. Wir haben Spaß. Ich berühre ihn oft und genieße die erotische Spannung zwischen uns. Ich kann ihm mein Begehren zeigen, liebe ihn und habe unglaubliche Freude mit ihm, mit mir, mit uns. Präsente Lust und Hingabe erfüllen unsere Zweisamkeit.

Ohne Hemmungen können wir offen über alles reden – ganz selbstverständlich auch über Sex. Ich genieße dann unsere Sexualität besonders intensiv. Ich bin in einer dauerhaft lustvollen Stimmung und lasse mich von unserer Welle der Liebe, Lust und Verbindung durch das Leben tragen.

Je mehr Sie sich auf sich selbst und den aktuellen Augenblick einlassen und sich allem, was auftaucht, hingeben, desto tiefer können Sie Ihr sexuelles Ich spüren und erforschen. So begegnen Sie jedoch nicht nur Ihrer sexuellen Lust, es erwachen vielmehr auch Ihre grundsätzliche Lebenslust und all Ihre Sinne. Sie bemerken Dinge, die sonst keinen Platz in Ihrem Leben haben, und nehmen sich selbst und alles um sich herum intensiver wahr. So können Sie, wenn sich Ihr Körper bewegt, plötzlich wahrnehmen, wie sich Muskel für Muskel anspannt und wieder entspannt, wie Ihr Herzschlag sich erhöht und Ihre Körpertemperatur steigt. Sie hören Ihren Atem, das Geräusch des Windes bei einem Spaziergang und schmecken den salzigen Geschmack, wenn Sie schwitzen. Sonst unbeachtete Kleinigkeiten werden zu aufregenden Sinnesexplosionen, etwa wenn Sie den saftigen, kühlen Geschmack einer Orange kosten, den lieblich-frischen Duft einer Blume am Wegesrand einatmen oder mit den Fingern sonnengewärmte Holzfasern nachzeichnen.

Kosten Sie jeden Moment lustvoller Lebensfreude aus! Erkunden Sie, was es für Sie bedeutet, lustvoll zu sein, und wie Sie dieses Gefühl in Ihrem Alltag verankern können. Atmen Sie bewusst tief ein, nehmen Sie die Spannung in Ihrem Körper wahr und lassen sie diese mit jedem Ausatmen los. Schicken Sie alle Ihre inneren Antreiber auf Urlaub, die Ihnen ständig einflüstern, was Sie nicht noch alles tun »müssen« und Ihnen dadurch den Augenblick vermiesen. Denn sinnliches Erleben bereichert Ihr tägliches Leben nicht nur durch verstärkte Sinneseindrücke. Es verführt Sie, sich immer öfter und länger einem einzelnen Augenblick in all seinen Feinheiten hinzugeben, wenn Sie am Morgen Ihre erste Umarmung oder Ihren ersten Kuss bewusst genießen, indem Sie ihren/seinen Duft einatmen und die Augen dabei schließen, um ihren/seinen Präsenz voll auszukosten. Sie üben sich quasi unbemerkt in Achtsamkeit, Präsenz und Hingabe und lernen Schwingungen und Gefühle Ihres Körpers stärker wahrzunehmen. Ihre Empfindsamkeit steigt grundlegend, und ganz automatisch erweitert sich so auch Ihre sexuelle Sensibilität.

Stellen Sie sich folgende Fragen dazu, was es bedeutet lustvoll zu sein:

- Was bedeutet es für mich, lustvoll zu sein?
- In welcher Situation fühlte ich mich zuletzt lustvoll? Wodurch?
- Wie fühlt sich das an? In welchem Bereich meines Körpers kann ich dieses Gefühl spüren?
- Wie (er)lebe ich dann meinen Alltag? Wie erlebe ich dann meine Umwelt?
- In welchen Bereichen meines Lebens sehne ich mich nach diesem lustvollen Gefühl in mir?
- Was kann ich tun, damit ich mich lustvoll fühle? Wodurch halte ich mich davon ab? Warum?

Sexuelles Erleben: Verbindung Herz – Becken

Von besonderer Bedeutung für die Rückeroberung Ihres lustvollen Ichs als Mann bzw. Frau und das sexuelle Erwachen ist die spürbare Verbundenheit des Beckens (als Zentrum der Sexualität) mit dem Herzen (als emotionalem Zentrum). Viel zu oft stehen diese Ebenen jedoch nicht miteinander in Verbindung. Solange Liebe als reine Herzensangelegenheit vom körperlichen Sex buchstäblich getrennt erlebt wird, bleibt nährende sexuelle Ekstase jedoch ein Ding der Unmöglichkeit.

Die folgende, für Männer und Frauen etwas unterschiedliche Übung dreht sich um die Wiederherstellung ebendieser nährenden Verbindung zwischen Herz und Becken. Statt um sexuelle Stimulation geht es dabei darum, Herz und Becken überhaupt zu spüren und sie zu beleben. Folgen Sie Ihrem Atem. Nehmen Sie sich bewusst von innen heraus wahr und fühlen Sie Ihre Energie.

Wiederholen Sie diese Übung in regelmäßigen Abständen und machen Sie die beschriebene Vorübung zu einer vielleicht sogar täglichen Wohlfühlroutine. Gestatten Sie sich jedes Mal ein Stück mehr, sich achtsam zu verwöhnen. Dabei können Sie die erlebte Intensität über ihre tiefe Atmung selbst steigern. Bleiben Sie geduldig mit sich, auch wenn vielleicht nicht sofort ein ungetrübt wertschätzender Energiefluss entsteht. Begegnen Sie etwaigen Spannungen und Blockaden mit Wohlwollen, lassen Sie sich auf sie ein und nehmen Sie ihre Botschaft wahr.

Bleiben Sie dran und beobachten Sie, was sich durch diese Übung bei Ihnen verändert!

Übung für Frauen – Atemübung zur Verbindung von Brüsten und Vagina

Nehmen Sie sich Zeit für sich selbst und stellen Sie sich einen Wecker, der nach 20 Minuten läutet. Sorgen Sie dafür, dass Sie ungestört sind, und suchen Sie sich einen Platz, an dem Sie sich wohlfühlen. Zünden Sie eine Kerze an, legen Sie leise Musik auf, tun Sie, was immer für Ihre Entspannung angenehm und wichtig ist!

Vorübung: ~5 Minuten

Beginnen Sie die Übung damit, mit Ihren Brüsten Kontakt aufzunehmen und ihnen etwas Gutes zu tun. Cremen Sie diese liebevoll und achtsam mit einem wohlriechenden Massageöl ein. Dabei geht es nicht um sexuelle Stimulation, sondern darum, Ihre Brüste liebevoll in den Händen zu halten und zu spüren.

● Welche Gefühle tauchen dabei in Ihnen auf?

● Spüren Sie diesen Gefühlen aufmerksam nach und lassen Sie sich von diesen durchfluten. Wie fühlt sich das an?

Sollten vielleicht unangenehme Emotionen hochkommen, bleiben Sie bitte dran und spüren Sie nach, was Sie davon abhält, diesen kostbaren Augenblick zu genießen.

Hauptübung: ~15 Minuten

Setzen oder legen Sie sich an einen Platz, an dem Sie sich wohlfühlen! Atmen Sie tief durch und gestatten Sie sich, mit jedem Ausatmen langsam zu entspannen! Stellen Sie sich vor, dass mit jedem Ausatmen (Ver-)Spannungen in Ihrem Körper sanft zu Boden gleiten. Spüren Sie, wie Sie sich immer tiefer entspannen.

Verbinden Sie Ihre Wahrnehmung mit Ihrem Körper und spüren Sie, in welchem Bereich Ihres Körpers Sie sich gerade besonders wohlfühlen.

Begegnen Sie sich selbst liebevoll, wertschätzend und nicht bewertend. Entscheiden Sie sich ganz bewusst dafür, auch wenn es Ihnen vielleicht nicht leichtfallen sollte!

Wenn Sie gut bei sich angekommen sind, wenden Sie Ihre Aufmerksamkeit Ihren Brüsten zu. Stellen Sie sich vor, dass Sie über den Bauch ein- und über den Busen ausatmen! Stellen Sie achtsam einen inneren Kontakt zu Ihren Brüsten her und unterstützen Sie dies, wenn nötig, damit, dass Sie Ihre Hände sanft auf sie legen.

Kommen Sie mit jedem Atemzug in innigeren, tieferen Kontakt

mit Ihren Brüsten und erfahren Sie unvoreingenommen, wie sich diese von innen anfühlen.

Gibt es eine Farbe, die in diesem Teil Ihres Körpers zu Hause ist? Bleibt diese gleich oder verändert sie sich?

Welche Qualität des Empfindens können Sie wahrnehmen? (Pulsierend, starr, strömend, warm, kalt, …)

Genießen Sie die Verbindung zu Ihren Brüsten und bleiben Sie dabei, über Ihren Bauch ein- und über Ihre Brustwarzen auszuatmen!

Wenden Sie sich nun Ihrer Vagina zu.

Atmen Sie ganz bewusst über Ihren Liebestunnel ein und über Ihre Brüste aus.

Vielleicht hilft es Ihnen, mit Ihrer Vagina Kontakt aufzunehmen, wenn Sie sie immer wieder sanft an- und entspannen. So können Sie Verspannungen lösen und spüren, wie sie sich von innen her anfühlt.

Fällt Ihnen eine Farbe ein, die in Ihrem Geheimgang des Glücks zu Hause ist? Verändert sie sich?

Welche Qualität können Sie wahrnehmen? (Pulsierend, strömend, angespannt, warm, weich, hart, …)

Begegnen Sie Ihrer Liebeshöhle liebevoll bei jedem Einatmen und atmen Sie weiter über Ihren Busen aus. Genießen Sie Ihren Atemfluss, der nun Ihr Becken mit dem Herzen verbindet, und halten Sie die Verbindung zwischen Ihrer Vagina und Ihren Brüsten! Bleiben Sie präsent und gestatten Sie sich, alles, was Sie spüren und erleben, liebevoll und ohne Bewertung wahrzunehmen! Alles, was auftaucht, ist willkommen und richtig!

Wenn Ihr Wecker läutet, beenden Sie diese Übung und nehmen Sie das Gefühl der innigen Verbindung mit in den Alltag.

Übung für Männer – Atemübung zur Verbindung von Herz und Penis

Nehmen Sie sich Zeit für sich selbst und stellen Sie sich einen Wecker, der nach 20 Minuten läutet. Sorgen Sie dafür, dass Sie ungestört sind, und suchen Sie sich einen Platz, an dem Sie, in einer sitzenden oder liegenden Position verweilend, sich wohlfühlen können. Eventuell zünden Sie sich eine Kerze an oder legen leise Musik auf. Tun Sie, was immer für Ihre Entspannung angenehm und wichtig ist!

Vorübung: ~5 Minuten

Beginnen Sie die Übung damit, mit Ihrem Penis Kontakt aufzunehmen und ihm etwas Gutes zu tun. Cremen Sie ihn liebevoll und achtsam mit einem wohlriechenden Massageöl ein! Dabei geht es nicht um sexuelle Stimulation, sondern darum, Ihren Zauberstab liebevoll in den Händen zu halten und zu spüren – egal ob es zu einer Erektion kommt oder nicht.

Welche Gefühle tauchen dabei in Ihnen auf?

Spüren Sie diesen Gefühlen aufmerksam nach und lassen Sie sich von diesen durchfluten. Wie fühlt sich das an?

Sollten vielleicht unangenehme Emotionen hochkommen, bleiben Sie bitte dran und spüren Sie bitte nach, was Sie davon abhält, diesen kostbaren Augenblick zu genießen.

Hauptübung: ~15 Minuten

Atmen Sie tief durch und gestatten Sie sich, mit jedem Ausatmen zu entspannen! Stellen Sie sich vor, dass mit jedem Ausatmen (Ver-)Spannungen Ihres Körpers sanft zu Boden gleiten. Spüren Sie, wie Sie sich immer tiefer entspannen.

Verbinden Sie Ihre Wahrnehmung mit Ihrem Körper und stellen Sie fest, in welchem Bereich Ihres Körpers Sie sich gerade besonders wohlfühlen.

Begegnen Sie sich selbst liebevoll, wertschätzend und nicht bewertend. Entscheiden Sie sich ganz bewusst dafür, auch wenn es Ihnen vielleicht nicht leichtfallen sollte!

Wenn Sie gut bei sich angekommen sind, wenden Sie Ihre ganze Aufmerksamkeit wieder Ihrer Atmung zu. Spüren Sie, wie sich Brust und Bauch beim Einatmen leicht nach oben wölben und beim Ausatmen wieder zurücksinken. Stellen Sie sich vor, dass Sie mit jedem Einatmen über den Bauch ein- und über Ihre Brust ausatmen! Verbinden Sie sich achtsam mit Ihrem Brustraum und unterstützen Sie dies, wenn nötig, damit, dass Sie Ihre Hände sanft auf Ihren Brustkorb legen.

Kommen Sie mit jedem Atemzug in innigeren, tieferen Kontakt mit Ihrem Herzensraum und erfahren Sie unvoreingenommen, wie sich dieser von innen anfühlt.

Gibt es eine Farbe, die in Ihrer Brust zu Hause ist? Bleibt diese gleich oder verändert sie sich?

Welche Qualität des Empfindens können Sie wahrnehmen? (Pulsierend, strömend, warm, starr, kalt, …)

Genießen Sie die Verbindung zu Ihrem Herzensraum und bleiben Sie dabei, über Ihre Brust ein- und über Ihren Bauch auszuatmen!

Halten Sie weiterhin die Verbindung zu Ihrem Brustraum und wandern Sie nun beim Ausatmen immer tiefer in Richtung Becken, bis Sie das Gefühl haben, über Ihren Penis auszuatmen. Legen Sie, um die Vorstellung zu vertiefen, Ihre Hände unterstützend auf Ihre Brust, auf Ihr Becken oder auf Ihren Penis.

Atmen Sie nun ganz bewusst, achtsam und liebevoll über Ihren Herzensraum ein und über Ihren Liebesstab aus.

Fällt Ihnen eine Farbe ein, die in Ihrem Penis zu Hause ist? Verändert sie sich?

Welche Qualität können Sie wahrnehmen? (Pulsierend, strömend, angespannt, warm, weich, hart, …)

Genießen Sie Ihren Atemfluss, der nun Ihr Becken mit dem Herzen verbindet, und halten Sie die Verbindung zwischen Ihrem Liebesseismografen und Ihrem Brustraum! Bleiben Sie präsent und gestatten Sie sich, alles, was Sie spüren und erleben, liebevoll und ohne Bewertung wahrzunehmen! Alles, was auftaucht, ist willkommen und richtig!

Wenn Ihr Wecker läutet, beenden Sie diese Übung und nehmen Sie das Gefühl der innigen Verbindung mit in den Alltag.

Sexuelle Fantasien

Natürlich endet die sexuelle Identität nicht bei den körperlichen Besonderheiten oder beim individuellen sinnlichen Erleben. Jeder Mensch hat darüber hinaus eigene Vorstellungen und Vorlieben, die sein sexuelles Lustempfinden prägen.

Nicht nur verschwinden mit der Zeit Fantasien aus der Beziehung und dem Schlafzimmer. Darüber hinaus haben Mann und Frau oft selbst keine Ahnung, was sie sexuell erregt oder wie sie ihre Sexualität wirklich leben und spüren möchten. Sie vermeiden jede Beschäftigung mit dem Thema, weil sie sich schämen und gelernt haben, dass sexuelle Fantasien an sich schlecht sind oder sie diese nicht verstehen. Dabei ist auch im Bereich der sexuellen Fantasien die Selbsterkundung überaus wichtig. Erforschen Sie, was bei Ihnen sexuelle Bereitschaft, Verlangen und Lust auslöst und warum. Zwar wollen nicht alle sexuellen Fantasien umgesetzt werden, sie sind jedoch ein wichtiger Teil Ihrer sexuellen Identität. Sie offenbaren verborgene Details im Hinblick auf das eigene Lustempfinden und bergen darüber hinaus die Möglichkeit, Ihrer Geschichte zu begegnen, alte Verletzungen zu erkennen und zu heilen. Denn unser Lustempfinden wird durch unsere Kindheits- und Lebenserfahrungen geprägt. Und oftmals hängen unsere Fantasien mit unseren Verletzungen zusammen.

Lassen Sie sich von Ihrer Fantasie weiter in Ihren innersten Kern leiten! Werden Sie zum Lustdetektiv bzw. zur Lustdetektivin und gestatten Sie sich, mit sich selbst schamlos zu sein. Lassen Sie Ihre sexuellen Sehnsüchte und wildesten Träume zu. Nehmen Sie wahr, was kommt, und halten Sie es ohne Bewertung wohlwollend in Ihrem Herzen. Wieder gibt es kein »Richtig« oder »Falsch«. Kosten Sie aus, was Ihnen gefällt, und verändern Sie Unangenehmes aktiv zum Besseren. Denn wie bei anderen inneren Bilderreisen gilt: Es sind *Ihre* Träume. Sie können sie ausgestalten und ändern, wie Sie wollen.

Stellen Sie sich folgende Fragen zu Ihrer Sexualität:

- Was weiß ich über meine besonderen sexuellen Wünsche und Bedürfnisse?
- Welche sexuellen Fantasien kenne ich von mir?
- Welche sexuellen Sehnsüchte begleiten mich?
- Wie frei fühle ich mich beim Sex? Wie ungehemmt gestatte ich mir, zu sein?
- Was sind die Grundbedingungen, damit ich überhaupt in sexuelle Bereitschaft kommen kann?
- Wie ist aktuell mein persönlicher sexueller Ausdruck? (Wild, hemmungslos, zurückhaltend, still, leidenschaftlich, introvertiert, …) Wie wäre er, wenn ich meiner inneren Sehnsucht folgen könnte/würde?
- Was würde ich gerne mal ausprobieren?
- Wie stehe ich zu Selbstbefriedigung?
- Welche Bewertungen begleiten mich bei diesem Thema? Woher kommen diese?
- Wenn ich mich an eine erfüllende sexuelle Begegnung in meiner Beziehung erinnere: Was habe ich dazu beigetragen, dass es so schön war? Was hat mein Partner bzw. meine Partnerin dazu beigetragen?
- Was brauche ich, um mich in einer sexuellen Begegnung entspannen und öffnen zu können?
- Wenn ich mich an einen Moment in unserer Beziehung erinnere, in dem ich sexuell erregt war – wodurch kam ich in Stimmung?

Weil dieses Thema schambesetzt sein kann, möchten wir nochmals hervorheben: Bleiben Sie in Verbindung mit Ihrem oder Ihrer Liebsten. Machen Sie sich bereit, Neues zu erfahren, und begegnen Sie sich selbst und einander mit liebevollem Blick, offenem Herzen und achtsam-forschendem Geist. Tauschen Sie sich über Ihre Erkenntnisse aus. Lassen Sie einander an Ihrer persönlichen Sexualität, Ihrer Liebeslust teilhaben. Bleiben Sie dabei achtsam, auch sich selbst gegenüber, und erzählen Sie einander von etwaigen Ängsten, von auftauchenden Erinnerungen oder Ihrer Scham.

Stefan erzählt: lustvoller Mann

Spüre ich meinen Körper, bei oder nach intensiver Bewegung oder nach außergewöhnlichen Leistungen, erfahre ich mich als Mann in meiner ganzen Kraft. Ich fühle mich stark und wohl.

Noch größer wird mein Wohlbehagen, wenn ich mich sexuell lustvoll erlebe. Fühle ich mich als attraktiver Mann begehrt, wächst mein Selbstbewusstsein, meine Körperhaltung ist aufrecht und mein Gang kraftvoll. Ich lache unbeschwert und oft. Mein Herz ist offen, ich bin neugierig und abenteuerlustig. Meine Sinne sind geschärft und ich nehme viel mehr wahr als sonst. Die Welt steht mir offen und ich fühle mich attraktiv, lebensfroh und entspannt. Probleme können mich in diesem Zustand nicht aufhalten und ich bin für jeden Schabernack zu haben.

Jetzt suche ich auch Elisabeths Nähe und vergesse darüber meine langen To-do-Listen. Ich sehne mich danach, mich an sie zu schmiegen, sie zu lieben oder zu streicheln. Ich mache ihr Komplimente und kann mit ihr frei über alles reden. Ich möchte Sie küssen, die Zeit mit ihr im Bett verbringen und dem Fluss unserer gemeinsamen Liebeslust folgen.

Sexuelle Begegnung im Wir

Welche Priorität hat Ihre Sexualität in Ihrem Leben?

Je freier Sie im Umgang mit Ihrer persönlichen Sexualität werden, desto mehr drängen Lebenslust, Lebendigkeit und sexuelle Lust wieder in den Mittelpunkt der Beziehung. Nach Jahren des sexuellen Rückzugs ist es aber nicht immer leicht, wieder auf gegenseitiges Begehren und sexuelle Spontanität umzuschalten. Nicht nur frisst häufig der fordernde Alltag das sexuelle Interesse. Nicht nur stört oft der Machtkampf in all seinen Facetten die sexuelle Anziehung. Mit der Zeit werden Leidenschaft und sexuelle Spannung darüber hinaus oft gegen Bequemlichkeit und Routine eingetauscht.

Stellen Sie sich folgende Fragen dazu, welche Bedeutung die Sexualität für Sie hat:

- Wie viel Bedeutung gebe ich meiner Sexualität in unserer Beziehung?
- Wie viel Raum hat Sexualität in unserem gemeinsamen Alltag und wie viel Raum möchte ich ihr in Zukunft geben?
- Was investiere ich aktuell in das Gelingen unserer körperlichen Begegnungen?
- Wie viel Zeit nehme ich mir für die Planung, Organisation und Verwirklichung körperlicher Liebesstunden? Möchte ich daran etwas verändern?
- Inwiefern kümmere ich mich aktiv um unsere Sexualität?
- Wodurch boykottiere ich unsere körperliche Liebe aktuell?

Stellen Sie sich diese Fragen und horchen Sie aufmerksam in sich hinein. Streichen Sie bewusst alle Antworten, die mit

»*Ja, aber ...*« oder »*Ich würde ja wollen, aber ...*« beginnen. Lassen Sie Schuldzuweisungen an Ihren Partner bzw. Ihre Partnerin oder Ihre Umwelt beiseite und verstecken Sie sich bitte nicht hinter Aussagen wie »*Wie soll das in meiner Situation denn bitte gehen?*« oder »*Die haben ja keine Ahnung!*«.

Langfristig erfüllende, nährende Sexualität kann sogar in anspruchsvollen Zeiten gemeinsam erlebt werden, auch wenn viele Paare nicht daran glauben. Sie bedarf jedoch einer bewussten Entscheidung. Denn die weitverbreitete Ansicht, dass Sexualität spontan und von selbst »passiert«, ist leider ein Mythos. Obwohl viele Paare es für romantisch und einen Beweis gegenseitiger Liebe halten, haben weder Mann noch Frau ständig Lust aufeinander.

Entscheiden Sie sich stattdessen ganz bewusst für Ihre sexuelle Beziehung! Lassen Sie nicht mehr zu, dass Arbeit, gemeinsame Aufgaben und Projekte, die Familie oder Treffen mit Freunden Vorrang vor Ihrer gemeinsamen Sexualität haben. Schaffen Sie stattdessen aktiv Raum und Zeit für körperliche Begegnungen und planen Sie, auch wenn es Ihnen zu Beginn eigenartig vorkommen mag, diese Liebesstunden mithilfe Ihres Kalenders!

Natürlich bedeutet das keinesfalls, dass Sie sich nur mehr zu diesen fixen Terminen körperlich näherkommen sollen oder dürfen. Jede spontane Liebesstunde ist mehr als willkommen und erwünscht. Vereinbarte Lovedates helfen jedoch dabei, in Zeiten dranzubleiben, in denen körperliche Liebe keine Selbstverständlichkeit ist. Gerade wenn Sexualität schwierig erscheint, verringern fix vereinbarte Zeiten für körperliche Begegnung den Druck, unter dem Mann und Frau oft stehen. Denn einerseits sind diese Dates ein Versprechen auf körperliche Begegnung und verringern das Gefühl, zurückgewiesen zu werden. Andererseits können sich die Partner vorab auf die Begegnung einstellen, einschwingen und sie nach den eigenen Wünschen gestalten.

Begehren und verführen Sie einander!

Mit den Jahren vergessen viele Paare darauf, sich füreinander attraktiv zu halten. Während sich beide für die Arbeit oder für Treffen mit Freunden schick machen, zieht in den Beziehungsalltag vielfach ein gewisser Schlendrian ein. Nicht selten sehen die Partner einander nach Jahren der Beziehung in ihrer gemeinsamen Zeit nur noch mit strähnigem Haar in Hausanzug und Pantoffeln auf der Couch liegen.

Keine Sorge, es geht uns nicht darum, einander nur mehr topgestylt und aufgedonnert zu begegnen. Natürlich ist es wichtig und angenehm, sich zu Hause, bei seinen Liebsten, wohlzufühlen und sich entspannt ausruhen zu können. Es ist jedoch ein wichtiges Signal der Selbstachtung und Selbstliebe, wenn Sie in gesundem Ausmaß auf Ihr körperliches Wohlgefühl, Ihr Gewicht, Ihre Fitness und Ihr Aussehen achten. Beschäftigen Sie sich damit, was Sie an sich sexy und schön empfinden. Schenken Sie Ihrem physischen Ich Zuwendung, verbessern Sie Ihr Körpergefühl. Dann erleben Sie sich selbst als schön, verführerisch und begehrenswert. Das Flirten macht Spaß und wird wieder einfach, auch wenn Sie vielleicht seit Jahren keine Übung mehr darin haben.

Darüber hinaus ist es ein Zeichen von gegenseitiger Achtung und Wertschätzung, wenn Sie sich zu gegebener Zeit für Ihre Liebste oder Ihren Liebsten schön machen. Bekunden Sie Ihr (sexuelles) Interesse an ihr als Frau oder ihm als Mann. Bleiben Sie aufmerksam, welches Verhalten und welches Aussehen auf Ihren Partner bzw. Ihre Partnerin reizvoll und verführerisch wirken. Nehmen Sie Ihr Gegenüber als sexuelles Wesen wahr.

Zwar mag es zu Beginn vielleicht eigenartig wirken, nach so langer Zeit wieder miteinander zu flirten, einander zu verführen. Dabei muss es keineswegs todernst zugehen. Oft hilft gemeinsames (!) Lachen, Gefühle von Peinlichkeit oder Anspannung verschwinden zu lassen. So sammeln Sie Hinweis um Hinweis. Schritt für Schritt werden Sie Ihre eigene und die gemeinsame Sprache der Erotik und der Sexualität kennen- und sprechen lernen. Mit jedem Mal wächst Ihre Verführungskompetenz. Sie werden zunehmend sicherer und erobern Region um Region Ihrer gemeinsamen erotisch-sinnlichen Landkarte. Es ist wunderbar, wenn sich Ihre Innenwelt erweitert, sich innere Schranken verschieben und den Blick freigeben auf neue Landstriche und Gefühlshorizonte.

Halten Sie dabei jedoch immer Verbindung zu sich selbst, Ihren eigenen Grenzen, Bedürfnissen und Wünschen und stehen Sie bewusst für diese ein. Denn gerade im Bereich der Sexualität haben viele Menschen gelernt, sich selbst auszutricksen und die eigenen Vorstellungen unreflektiert durch fremde Wünsche zu ersetzen.

Vertrauen Sie Ihrer Erfahrung aus der Anfangszeit Ihrer Beziehung. Denn selbst wenn Sie sich zu Beginn vielleicht etwas unbeholfen fühlen mögen, Sie starten nicht bei null. Egal wie lange es her zu sein scheint, damals konnten Sie die Liebeslust Ihres bzw. Ihrer Liebsten überzeugend entflammen.

Gönnen Sie sich daher bewusst einen Rückblick auf Ihre damaligen Verführungskünste. Folgen Sie Ihren Erinnerungen und genießen Sie die Botschaften Ihres Körpers. Nehmen Sie alle auftauchenden Gefühle und Bilder uneingeschränkt wahr. Kosten Sie diese aus, geben Sie ihnen Raum und beschenken Sie sich dafür mit einem Lächeln.

Übung zur Erinnerung an Verführung und Begehren (10 bis 20 Minuten)

Nehmen Sie sich, jeder für sich, einige Minuten Zeit, um in Gedanken in die Vergangenheit zu reisen. Richten Sie sich dazu ein bequemes Plätzchen und sorgen Sie dafür, dass Sie ungestört sind. Falls vorhanden, suchen Sie bitte Fotos, Briefe, Erinnerungsstücke und/oder Liebesgaben, die mit der

Anfangszeit Ihrer Beziehung in Verbindung stehen. Breiten Sie diese vor sich aus.

Schließen Sie nun die Augen. Atmen Sie einige Male tief und gut in Ihren Bauch. Lassen Sie, während Sie ein- und ausatmen, Ihren Alltag Atemzug um Atemzug los und tauchen Sie in Ihre Vergangenheit ein!

Erinnern Sie sich an eine sexuelle Begegnung mit Ihrem bzw. Ihrer Angebeteten aus der Anfangszeit Ihrer Beziehung. Versuchen Sie, sich die Begebenheit in allen Einzelheiten vor Augen zu führen. An welchem Ort waren Sie? Wie sah er aus? Wie waren die Stimmung, das Licht, die Sie umgebenden Farben? Wie hat es gerochen? ...

Widmen Sie sich nun folgenden Fragen und rufen Sie sich Ihre körperliche Verbindung so detailreich wie möglich in Erinnerung:

- Welche Qualitäten waren für mich in unserer romantischen Phase besonders betörend und verführerisch?
- Was habe ich damals speziell mit/an dir genossen?
- Wie bereitete ich mich auf die Begegnung mit dir vor?
- Welche Kleidung, Unterwäsche, welchen Duft, ... trug ich damals?
- Wie/Womit habe ich dich verführt?
- Wie/Womit hast du mich verführt?
- Wie habe ich mich damals gefühlt, wenn wir einander auf der körperlichen Ebene begegneten?
- Was habe ich mir damals erlaubt oder neu mit dir ausprobiert?
- Was habe ich mit dir völlig Neues erlebt?
- (Mit welchem Gefühl) Konnte ich mich dir hingeben?
- Wie fühlte ich mich nach unserer Begegnung?
- Welche anderen erotischen gemeinsamen Erinnerungen habe ich aus dieser Zeit?

Häufige sexuelle Missverständnisse und Irrtümer

Allzu oft steht dem Entstehen von körperlichem Begehren und sexueller Lust eine innere Resignation entgegen. Mann und Frau haben keine Lust, miteinander zu schlafen, weil sie nicht (mehr) daran glauben, beim Sex zu bekommen, wonach sie sich wirklich sehnen. Dabei haben nicht nur der Machtkampf oder unbewusste, tiefgekühlte Glaubenssätze ihre Finger im Spiel. Manches Mal stehen auch alte Verletzungen, wie eine Affäre oder eine Depression, zwischen dem Paar. Oft wissen wir auch einfach zu wenig über unsere körperlichen Besonderheiten, unsere sexuelle Sprache und unseren Rhythmus. Denn zwar ist Sex in aller Munde und in allen Medien, aber das tatsächliche Erforschen der (eigenen) Sexualität ist meist immer noch mit einem Tabu behaftet. So ist unser Wissen über Sexualität sehr eindimensional und von äußeren Bildern geprägt.

Eine bedeutende Quelle für große Missverständnisse in Beziehungen liegt in der weitverbreiteten Annahme, dass ein erigierter Penis, eine feuchte Vagina oder aufgerichtete Brustwarzen automatisch bedeuten, dass Mann oder Frau Sex haben möchten. Bei diesen körperlichen Anzeichen sexueller Erregung handelt es sich jedoch »nur« um meist unkontrollierbare, rein körperliche Reaktionen. Sie können ohne jede Herzensbeteiligung ablaufen. Sexuelle Erregung allein ist also keine sexuelle Aufforderung. Sie ist kein Garant für beiderseits erwünschten körperlichen Kontakt.

Vielmehr ist vor allem für Frauen, aber auch für viele Männer, die tatsächliche Vereinigung mit ihrem bzw. ihrer Liebsten erst dann angenehm und erwünscht, wenn sie über die rein körperliche Erregung hinaus sexuelle Lust empfinden. Erst wenn beide Partner einander offen, entspannt und frei begegnen, verbindet sich die physiologische Reaktion mit dem emotionalen Bedürfnis bzw. Wunsch nach emotionaler und körperlicher Nähe. Jetzt erst geht es zielgerichtet um die körperliche Vereinigung mit einer bestimmten Person.

Auch das sexuelle Verlangen sorgt für Wahrnehmungsirrtümer und Missverständnisse. Dabei geht es darum, warum Mann und Frau Sex haben wollen. Denn zwar wollen beide in ihrer Beziehung miteinander schlafen, das Motiv dahinter kann aber für beide völlig unterschiedlich sein. So wird eine Frau möglicherweise von dem Traum angetrieben, ein Kind zu bekommen. Für sie ist Sex dann ein rein mechanischer Akt der Empfängnis, der schnell mal zwischendurch »abgehandelt« werden kann. Ihr Mann sehnt sich aber nach emotionaler Verbindung, die er im Alltag nicht herstellen kann. Er braucht innige Begegnungen voller gegenseitiger Präsenz und Hingabe.

Oder der Mann will schnellen, heißen Sex zur Spannungsabfuhr, um den Alltag von sich abfallen lassen zu können. Seine Frau sehnt sich aber nach einem ausdauernden, spielerisch-hingebungsvollen Liebesbeweis.

Missverständnisse können ganz einfach vermieden werden, wenn Mann und Frau bewusst in Verbindung mit ihren Bedürfnissen, Wünschen und Grenzen sind und wenn sich beide für die Empfindungen des Gegenübers öffnen und sich miteinander achtsam und wohlwollend austauschen.

Obwohl immer mehr Frauen und Männer über ihre unterschiedlichen Erregungskurven Bescheid wissen (oder zumindest von deren Existenz gehört haben), ist ihnen meist nicht bewusst, dass sie tatsächlich mit unterschiedlicher »Liebestemperatur« an Sexualität herangehen.

Viele sexuelle Missverständnisse entstehen, weil zu Beginn der Beziehung die Partner etwaige Unterschiede ihrer Erregungsmuster meist gar nicht bemerken. Denn in der Phase der ersten Verliebtheit sind beide Partner sehr rasch und oft gleichzeitig auf 100 Grad. Vielfach haben beide ständig Lust aufeinander, und heißem, innigem, spontanem Sex steht nichts im Wege.

Erst wenn die Hormone der Liebenden nicht mehr verrücktspielen, offenbaren sich die Unterschiede. Denn tatsächlich ist die sexuelle Erregungskurve jedes Menschen so unterschiedlich wie die Menschen selbst. Grundsätzlich gilt jedoch: Stark von Adrenalin gesteuerte Menschen (eher Männer) haben eine von Haus aus hohe Liebestemperatur, wollen häufig Sex und sind stets bereit für den nächsten Orgasmus. Menschen mit niedrigerer Temperatur (meistens Frauen) hingegen brauchen Zeit und präsente Verbindung, um Lust und Hingabe leben zu können.

Zum besseren Verständnis denken Sie bitte an ein Thermometer. Während der Mann beim Geschlechtsakt in der Regel schnell auf 80, 90 oder gar 100 Grad (Orgasmus) ist, kann die Frau hingegen zum gleichen Zeitpunkt noch auf 20, 30 oder 40 Grad sein. Während er schon heißen Sex will, befindet sie sich sehr häufig noch in der Aufwärmphase. Diese ist bei den meisten Frauen nicht nur deutlich länger als bei Männern, sondern auch viel störungsanfälliger.

Gedanken oder Sorgen aus dem Alltag, Beziehungsprobleme oder das Fehlen der Herzensverbindung mit ihrem Liebsten wirken sich sehr leicht negativ darauf aus, ob Frauen in Stimmung kommen (können). Ihr Lustempfinden ist außerdem in der Regel nicht so klar auf 100 Grad ausgerichtet. Sie haben daher in längeren Beziehungen vielfach Probleme, wenn ihr Partner stets kurzen, intensiven, heißen Sex sucht. Sie genießen und brauchen im Liebesakt das längere Einschwingen mit ihrem Partner auf Wellen in niedrigeren Temperaturen, ohne die unmittelbare Orientierung hin zum Orgasmus. Für sie geht es nicht vorrangig um eine schnelle Entladung, sondern um den körperlichen, energetischen Austausch. So können sie mit ihrem Partner wirklich in Verbindung treten, sich ihm öffnen und mit ihm eine erfüllende Vereinigung erleben.

Vielen Männern ist natürlich klar, dass ihre Frau mehr Zeit braucht, bis sie ihn wirklich empfangen will. Gerne kümmern sie sich daher um ein liebevolles Vorspiel. Das befreit viele Frauen aber nicht aus ihrer sexuellen Unlust, denn der Begriff »Vorspiel« beinhaltet, dass es ein »Hauptspiel«, mit dem Endziel »Orgasmus«, geben wird. Mit der Zeit wird das Vorspiel immer mehr Mittel zum Zweck. Beide Partner wissen, wie sie sich selbst und einander aufheizen können, und jedes Paar entwickelt über die Jahre einen gut einstudierten Ablauf der sexuellen Begegnung und des Vorspiels im Besonderen.

Trotz zärtlicher Berührungen gibt es dabei also von Beginn an ein Ziel. Es regiert ein gewisser Druck, weiterzukommen und irgendwann fertig zu werden. Was für den Mann meist selbstverständlich ist, steht dem Lustempfinden der Frau oft sogar regelrecht entgegen. Um heiß zu werden, braucht sie Verbindung, Präsenz und vor allem Zeit. Um sich in ihre Lust ausdehnen zu können, sehnt sie sich nach absichtsloser Hingabe und uneingeschränkter Aufmerksamkeit ihres Geliebten.

Tatsächlich beschneidet das Endziel »Orgasmus« jedoch nicht nur die Lust der Frau. Denn mit dem Ziel vor Augen werden Zuwendungen und Handlungen meist beider Partner mechanisch. Es geht nicht darum, loszulassen und sich und einander im *Jetzt* zu spüren, sondern nur mehr um die körperliche Entladung und die eigene Entspannung am Höhepunkt. So wird die sexuelle Begegnung vom Schwingen in Verbundenheit und Liebe zum isolierten Einzelkampf. Trotz der körperlichen Entladung bleiben die Herzen unberührt und verschlossen. Die Sehnsucht, einander zu spüren und nahe zu sein, bleibt unerfüllt.

Stellen Sie sich folgende Fragen zu Ihrer Temperatur und Ihrem Orgasmus:

- Meine »Aufwärmphase« erlebe ich so: ...
- Am stärksten fühle ich mich beim Sex mit dir verbunden bei etwa »... Grad«.
- Dann fühle ich mich ...

- Wann konnte ich im gemeinsamen Liebesspiel zuletzt diese »Temperatur« leben?
- Kann ich diese »Temperatur« mit dir (ausreichend) erleben?
- In diesem Zusammenhang wünsche ich mir von *mir* ...
- In diesem Zusammenhang möchte ich lernen, dass ich ...
- In diesem Zusammenhang wünsche ich mir von *dir* ...
- Wie bedeutend ist mir der Orgasmus bei unseren sexuellen Begegnungen?
- Wie wichtig ist mir *mein* Orgasmus beim Sex?
- Wie wichtig ist mir *dein* Orgasmus beim Sex?
- Kann ich mir Sex ohne herkömmlichen Orgasmus vorstellen?
- Wie schauen meine inneren Konzepte deinen, meinen und unseren Orgasmus betreffend aus?
- Bei unserem gemeinsamen Liebesspiel mag/liebe ich ...
- Wovon ich bei unserem gemeinsamen Liebesspiel gerne mehr hätte ...
- Wie stelle ich mir eine erfüllende sexuelle Begegnung mit dir vor?

Sexualität 2.0

Tatsächlich gibt es jedoch für Paare auch nach vielen gemeinsamen Jahren keinen Grund, zu resignieren. Genauso wenig sollten sie Spannung, Erotik und Begehren nur mehr außerhalb der Beziehung vermuten. Denn gerade in längeren Beziehungen kann Liebeslust viel mehr sein als schneller, orgasmusorientierter Sex.

Sind Mann und Frau bereit, ihre Reise zur Bewusstheit auch auf ihren Körper und ihre Sexualität auszuweiten und einander in diesem Aspekt auf Augenhöhe zu begegnen, dann eröffnen sich ihnen wunderschöne Alternativen für körperliche Vereinigung und Verbindung. Während Paare bei der heißen Sexualität in die Lust eintauchen und bewusst ein Ziel, den Orgasmus, ansteuern, besteht auch die Möglichkeit, sich vom aktiven Tun abzuwenden und einander im *Sein* zu begegnen. Statt einander zu stimulieren, können sie sich absichtslos ihren Körpern und ihren Herzen hingeben und sich – ohne Ziel vor Augen – von auftauchenden Wellen der Lust tragen lassen. Sie können sich vertrauensvoll dem Augenblick und einander öffnen und alles, was zwischen ihnen auftaucht, wohlwollend staunend empfangen.

Das mag Ihnen auf den ersten Blick vielleicht zunächst unverständlich, unkonventionell oder gar nicht erstrebenswert scheinen, denn die wenigsten Menschen können sich eine sexuelle Begegnung ohne herkömmlichen, aktiven Orgasmus vorstellen. Meist ist der Orgasmus sogar der Maßstab für erfolgreichen Sex. Er dient für Männer wie Frauen als gegenseitiger Liebesbeweis, als Zeichen für Potenz oder Leidenschaftlichkeit oder als Bewertungskriterium für die eigene Männlichkeit bzw. Weiblichkeit.

Um »guten« Sex zu haben, geben sich Mann und Frau also die größte Mühe, einen Orgasmus zu produzieren. Kunstvoll und einfühlsam wird gestreichelt, gerieben, geknetet und geleckt. Um zum Ziel zu gelangen, intensivieren Mann und Frau ihre Bewegungen und ihren Atem. Die Erregung steigt. Sie verstärken die Anspannung im Beckenbereich, sie werden heiß und bald gipfelt die Anstrengung (hoffentlich) in einer lustvollen Spannungsentladung, dem sexuellen Höhepunkt.

Bitte verstehen Sie uns nicht falsch – auf gar keinen Fall wollen wir herkömmlichen Sex abwerten. Haben Sie Spaß und genießen Sie heißen, schnellen Sex mit explosiven Orgasmen so oft Sie gemeinsam dazu Lust haben! Solange Sie jedoch glauben, dass dies die einzige Form der körperlichen Vereinigung ist, verwehren Sie sich ungeahnt intensive sexuelle Begegnungen. Dann geben Sie sich tagein, tagaus mit sexuellem »Fastfood« zufrieden, während Sie das himmlische Buffet an Köstlichkeiten rings um sich herum ignorieren.

Wir wollen Sie vielmehr dazu verführen, sexuelle Vielfalt in Ihr Schlafzimmer einzuladen. Erfreuen Sie sich, je nach Stimmung, mal an aktivem Sex mit heißen Höhepunkten, mal an kühleren, langsamen Liebesstunden, in denen Sie gemeinsam schwingen, und erkunden Sie die unzählbaren Varianten, wenn Sie beides miteinander verbinden.

Das Tor zur Ekstase

Es gibt also eine andere, langsamere und kühlere Form der Sexualität. Ganz anders als herkömmlicher Sex, beruht dieser »Schneckensex« auf Entspannung, Öffnung und dem Loslassen von Kontrolle und Zielorientierung. Wie auf emotionaler Ebene auch, ist das Zauberwort Präsenz. Genauer gesagt geht es um Entspannung durch Präsenz und Absichtslosigkeit.

Die Bedeutung und die Heilungskraft von *Präsenz* kennen Sie schon aus der emotionalen Bewusstwerdung. Sie wissen bereits, dass wir durch Präsenz das Hier und Jetzt erfahren können, und dass Präsenz Öffnung, Vertrauen und Hingabe ermöglicht. Natürlich gilt das ganze besonders in der Sexualität. Denn türmen sich der Alltag, die aktuelle Stimmung und alte Erfahrungen bzw. Konzepte zwischen den Partnern auf, zeigt sich das gerade auch beim gemeinsamen Sex. Im selben Ausmaß, wie sich Offenheit und Wertschätzung reduzieren, verschwinden körperliche Zeichen der Zuneigung und Intimität. Mann und Frau verlieren die Freude daran, einander zu küssen. Der liebevolle, verbindende Augenkontakt während sexueller Begegnungen geht verloren. Mann und Frau werden immer weniger präsent und schlafen mit der Zeit nur mehr mit Trugbildern fantasierter Traumpartner. Herzen verschließen sich und entfernen sich voneinander. Leidenschaft und Lust spielen sich, wenn überhaupt, nur mehr im Kopf ab.

Als ersten gemeinsamen Schritt, um sich einander sexuell wieder zeigen und einander wieder sehen zu können, schlagen wir daher eine Achtsamkeitsübung im körperlichen Miteinander vor. Beginnen Sie Ihre gemeinsame sexuelle Entdeckungsreise auf dem Weg zu Ihrem sexuellen Potenzial aktiv bei der Präsenz.

Übung zur körperlichen Präsenz (ab ~10 Minuten)

Planen Sie einen Begegnungstermin und sorgen Sie dafür, dass Sie ungestört bleiben. Schalten Sie Handy, Fernseher und Computer aus. Schwingen Sie zunächst jeder für sich aus Ihrem Alltag aus und lassen Sie Gedanken und Sorgen Ihres täglichen Lebens für den Augenblick los.

Bereiten Sie sich gemeinsam eine Liebesstätte nach Ihren Wünschen, etwa mit leiser Hintergrundmusik, stimmungsvollen Kerzen oder vielleicht einem besonderen Raumschmuck wie Blumen, einer besonderen Decke oder Pölstern. Stellen Sie sich einen Wecker. (Wählen Sie zu Beginn kürzere Einheiten von einigen Minuten. Sie können Ihre Begegnungen natürlich später beliebig lang ausdehnen!)

Hören Sie auf Ihr Gefühl und entscheiden Sie gemeinsam, ob Sie einander in bequemem Gewand, in ein Tuch gehüllt oder gänzlich unbekleidet begegnen wollen. Achten Sie auf Ihr inneres Gefühl von Sicherheit und Vertrauen!

Setzen oder legen Sie sich einander in offener Körperhaltung gegenüber. Wählen Sie die Position so, dass die Distanz zwischen Ihnen für Sie passt, und spüren Sie in sich hinein, wie viel Berührung von Ihrem bzw. Ihrer Liebsten Sie dieses Mal ausprobieren möchten. Die zu Beginn gewählte Position können Sie selbstverständlich im Laufe der Übung verändern. Atmen

---

Sie einige Male bei geschlossenen Augen tief ein und aus und finden Sie Ihre Mitte. Dann öffnen Sie die Augen. Lassen Sie Ihren wertschätzenden Blick über das Gesicht Ihres Partners, Ihrer Partnerin schweifen und finden Sie schließlich liebevollen Augenkontakt zueinander. Achten Sie dabei auf einen weichen, nicht scharf fokussierten Blick. Signalisieren Sie Ihrem Gegenüber »Ich bin für dich da« und »Ich sehe dich«, »Ich spüre meine und deine Präsenz«.

Bleiben Sie in Ihrem Bewusstsein gleichzeitig gut in sich selbst verwurzelt und spüren Sie, was der Augenblick für Sie bereithält. Schließen Sie dazu immer wieder für einige Momente Ihre Augen und verbinden Sie sich mit Ihrem Atem. Was taucht in Ihnen auf? Öffnen Sie dann ganz bewusst wieder Ihre Augen mit der Botschaft »Ich zeige mich dir, so wie ich bin«.

Sprechen Sie während Ihrer Begegnung nur so viel wie nötig und betrachten Sie achtsam-neugierig alle Gefühle, die in Ihnen entstehen.

- Wie sehen und erleben Sie Ihre Liebste bzw. Ihren Liebsten?
- Wie erleben Sie Ihr Beziehungskraftfeld? Was steht eventuell zwischen Ihnen?
- Wie leicht fällt es Ihnen, sich zu öffnen?

Beschließen Sie diese Begegnung mit einer Geste des Dankes. Besprechen Sie anschließend oder zu einem vereinbarten Zeitpunkt in einer achtsamen Begegnung Ihre gemeinsame Erfahrung.

Ein Augenblick benötigt keine Gebrauchsanweisung

Besonderes Augenmerk möchten wir an dieser Stelle auf die andere Zutat für langsame, erfüllende sexuelle Begegnungen legen. Absichtslosigkeit ist vielleicht noch eine ungewohnte, neue Qualität, vor allem wenn es um Sex geht: Stellen Sie sich vor, es gibt kein Ziel. Es gibt nichts zu tun.

Viele Menschen verwechseln präsente Absichtslosigkeit mit diffuser Ziel- und Sinnlosigkeit. Sie haben erfolgreich gelernt, dass es wichtig ist, Absichten und Ziele zu haben, zu verfolgen und fühlen sich belohnt, wenn sie diese erreichen. Zu wissen, was auf sie zukommt, gibt ihnen das Gefühl von Kontrolle und Sicherheit.

Tatsächlich ist Absichtslosigkeit jedoch eng mit Präsenz und Hingabe verknüpft. Denn der Augenblick selbst hat keine Gebrauchsanweisung. Wer die Kontrolle über das Geschehen loslässt, kann sich öffnen, uneingeschränkt in den Moment eintauchen und Neues und Unerwartetes erfahren. Befreit vom sonst wahrgenommenen Druck, sich bzw. etwas beweisen oder schaffen zu müssen, kann Energie die Körper frei durchströmen und Becken und Herz miteinander verbinden.

Wir laden Sie zu einem Experiment ein, auch wenn Sie sich (noch) nicht vorstellen können, dass sich Sexualität mit Ihrem Partner bzw. Ihrer Partnerin so frei, energiedurchströmt und verbindend anfühlen kann. Vertrauen Sie darauf, dass Ihre Körper für die Wunder der Sexualität gemacht und bereit sind. Finden Sie Ihre kindliche Neugierde und Freude an Überraschendem. Lassen Sie los, was Sie über Sex, über sich selbst und Ihren Liebsten bzw. Ihre Liebste zu wissen glauben. Begegnen Sie einander absichtslos und achtsam und machen Sie den ersten Schritt in der Erforschung neuer sexueller Dimensionen.

Übung zur sexuellen Vereinigung: BASIS – Kommunikation und Energieaustausch

Planen Sie eine Auszeit vom Alltag von mindestens zwei bis drei Stunden. Sorgen Sie dafür, dass Sie ungestört bleiben und schalten Sie Handy, Computer, Fernseher und andere Kanäle zur Außenwelt ab.

Schritt 1 – Begegnung mit dem Ich: Wählen Sie eine angemessene Zeitspanne und stellen Sie sich einen Wecker. Schwingen Sie sich zunächst jeder für sich aus Ihrem Alltag aus. Verbinden Sie sich mit Ihrem Körper und hören Sie mitfühlend in sich hinein. Was tut Ihnen gut? Wie können Sie Gedanken und Sorgen des täglichen Lebens für den Moment hinter sich lassen? Wie können Sie sich entspannen? Wie können Sie präsente, achtsame Verbindung mit Ihrem Körper aufnehmen?

Schritt 2 – Begegnung im Garten der Liebe: Wenden Sie sich dann Ihrem Beziehungskraftfeld zu. Gehen Sie behutsam in sich und fühlen Sie nach, wie Ihr Garten der Liebe aussieht. Blüht und gedeiht Ihre Beziehung in wunderbaren Farben und Formen oder versperrt etwas den Weg zueinander? Falls es etwas zu klären geben sollte, dann nehmen Sie sich bitte jetzt die Zeit für eine achtsame Begegnung, um diese Dinge zu besprechen.

Schritt 3 – Sexuelle Begegnung: Bereiten Sie nun gemeinsam den Raum für Ihre Liebesstunde und sorgen Sie – je nach Wunsch – etwa für Ordnung, Musik, Kerzen, spezielles Licht oder Blumen. Bereiten Sie bei Bedarf Gleitmittel vor. Vereinbaren Sie eine bestimmte Zeitdauer für Ihre Begegnung und stellen Sie sich einen Wecker. Zu Beginn empfehlen wir mindestens 45 Minuten, später können Sie Ihre Begegnung natürlich nach Belieben verlängern.

Betreten Sie Ihre Liebesstätte und setzen Sie sich einander gegenüber. Suchen Sie Blickkontakt, mit dem Sie einander Anerkennung, Sicherheit und Raum für alles, was kommt, schenken. Freuen Sie sich auf das Abenteuer.

Aktivieren Sie Ihren Forschergeist und öffnen Sie Ihr Herz. Alles, was der Augenblick für Sie bereithält, ist willkommen. Legen Sie alle Erwartungen beiseite und freuen Sie sich darauf, in diesem Augenblick füreinander da zu sein. *»Alles von dir und mir ist willkommen!«*

Beginnen Sie, tief ein- und auszuatmen, und verbinden Sie sich bewusst mit Ihren Lustorganen, mit Vagina und Brüsten bzw. dem Penis. Wenn Sie dazu bereit sind, bereiten Sie sich darauf vor, sich zu vereinigen. Es ist dafür überhaupt nicht wichtig, dass oder ob Sie erregt sind. Verwenden Sie ausreichend Gleitmittel und lassen Sie sich viel Zeit, um zueinander zu kommen. Suchen Sie gemeinsam eine Position, in der Sie beide bequem verweilen können. (Nehmen Sie sich eventuell Pölster als Stützen zu Hilfe. Seien Sie geduldig, bis Sie eine für beide angenehme Lage gefunden haben, und erlauben Sie sich, einige neue Stellungen miteinander auszuprobieren.)

Haben sich Penis und Vagina vereinigt, bleiben Sie so. Atmen Sie während der gesamten Begegnung entspannt und tief ein und aus. Ihre Erektion kann kommen oder gehen, ist aber nicht zwingend erforderlich. Halten Sie die Verbindung zueinander über offene, liebevolle Blicke. Erlauben Sie sich aber auch immer wieder, Ihre Augen zu schließen, wenn Sie dabei sind, sich ein Stück zu verlieren. Das hilft Ihnen, gut mit sich in Verbindung zu bleiben und zu spüren, was in Ihnen auftaucht. Tauschen Sie sich über das, was in Ihnen vorgeht, aus. Beschränken Sie sich dabei aber bitte auf das Wesentliche. Beginnen Sie keine Gespräche, um sich abzulenken.

Entspannen Sie sich in alles, was kommt, egal ob es sich um Erregung, Leidenschaft, intensive Gefühle, Anspannung oder vielleicht auch mal Langeweile oder Frust handelt. Atmen Sie tief ein und aus und lassen Sie die auftauchende Empfindung mit dem Ausatmen ziehen.

Denken Sie immer daran, Sie haben alle Zeit der Welt.

Es gibt nichts zu tun, nichts zu erreichen. Es geht einfach darum, miteinander zu sein, egal was passiert oder nicht passiert.

Danken Sie sich selbst und einander nach Ablauf Ihrer Liebesstunde für Ihre Bereitschaft, dieses Experiment miteinander gemacht zu haben.

Entspannen Sie sich!

Erwarten Sie zunächst keine Gefühlsexplosionen und seien Sie bitte nicht enttäuscht, sollten Sie nicht sofort von Ekstase überflutet werden. Vielleicht wirkt »Schneckensex« für Sie zu Beginn langweilig und uninteressant. Besonders wenn Sie bisher eher reizorientierte Sexualpraktiken bevorzugt haben, kann es eine Weile dauern, bis sich Ihre Körper auf die feinen Impulse und Schwingungen von Sexualität ohne unmittelbare Stimulation eingestellt haben. Außerdem geht natürlich auch unsere Körperempfindsamkeit Hand in Hand mit unserer tagesbedingten Verfassung.

Vor allem hängt die Wirkung einer »stillen« Vereinigung aber davon ab, wie sehr Sie sich entspannen können und wollen. Denn anders als beim orgasmusorientierten Sex müssen wir bei dieser Art der körperlichen Begegnung keine sexuelle Spannung aufbauen, um einen Höhepunkt zu erarbeiten. Im Gegenteil. Je tiefer wir uns entspannen, umso mehr treten wir in Kontakt mit unserem Körper und können uns selbst und einander spüren. Sind wir entspannt, sind wir gut im Innen und Außen verbunden. Wir ruhen in unserer Mitte und können uns aus diesem Gefühl der Gelassenheit und Stärke öffnen und hingeben. Immer natürlicher wird es, im »Nichtstun« zu verweilen. Je mehr wir im Hier und Jetzt ankommen, umso wacher werden unsere Sinne und unsere Empfindsamkeit. Ein Wohlgefühl durchzieht unsere Körper, innere Blockaden lösen sich und wir spüren die Energie, die sich zwischen unseren Körpern bewegt.

Übung zur Körperentspannung

Üben Sie sich, so oft sie daran denken, darin, loszulassen und sich bewusst zu entspannen.

Spüren Sie in Ihren Körper hinein und nehmen Sie jedes Mal Kontakt mit einzelnen Muskelgruppen auf. Beginnen Sie etwa mit Ihrem Nacken oder Ihren Schultern. Wenden Sie sich aber ebenso gezielt immer wieder Ihren Lustzonen zu. Auch dort gibt es Muskeln, wie z.B. den Beckenboden oder die Scheidenmuskulatur, in denen sich erstaunlich viel Anspannung aufstauen kann.

Lassen Sie Ihren Atem gezielt zu den ausgewählten Muskelgruppen fließen und spannen Sie die Muskeln ganz bewusst an. Halten Sie die Spannung für einige Augenblicke und lassen dann beim Ausatmen jede Anspannung los. Wiederholen Sie die Übung einige Male und fühlen Sie den Unterschied. Vertiefen Sie das Gefühl der Entspannung mit einem inneren Lächeln.

Obwohl es einfach klingen mag, ist das Entspannen die Königsdisziplin der sexuellen Bewusstwerdung. Zwar sehnen wir uns alle nach Entspannung, unbewusst boykottieren und vermeiden sie viele Menschen jedoch. Lockern sich nämlich ihre inneren Anspannungen, können sich Blockaden auflösen und tief vergrabene Empfindungen freigeben. Vor allem zu Beginn einer Vereinigung können daher schon mal alte Verletzungen auftauchen, die vielleicht auf den ersten Blick mit Sexualität nichts zu tun haben. Entspannung lässt Trauer, Wut oder Verachtung aus den Tiefen des inneren Kühlschranks auftauen. Gefühle, die sonst mühsam und mit viel Anspannung unterdrückt werden müssen, stehen plötzlich deutlich sichtbar im Raum. Auch das ist in Ordnung! Diese Gefühle gehören zu Ihnen! Sie müssen sich für nichts schämen. Sie müssen nichts unterdrücken. Sie müssen nicht funktionieren und keinem Bild gerecht werden. *Alles*, was kommt, ist richtig und gut. Alles, was kommt, hat mit Ihrem sexuellen Erleben in irgendeiner Weise zu tun. Alles, was kommt, will gesehen werden und weist Ihnen den Weg zu versteckten Wesensanteilen in Ihrem Kühlschrank.

Nehmen Sie sich in Ihren Gefühlen ernst und muten Sie sich Ihrem bzw. Ihrer Liebsten zu! Bleiben Sie unbedingt in Verbindung und erzählen Sie Ihrem Partner bzw. Ihrer Partnerin, was Sie gerade bewegt. Schenken Sie dieser Facette Ihres Erlebens Ihre volle Wertschätzung. Halten Sie das Gefühl jedoch nicht bewusst fest. Atmen Sie tief durch, lassen Sie dann wieder los und entspannen Sie sich wieder.

Folgen wir der Entspannung immer tiefer, tauchen dann meist angenehme Gefühle auf – Freude, Liebe und Frieden genauso wie leidenschaftliche Lust und süßes Begehren.

Lassen Sie sich manchmal ruhig von diesen Gefühlen verführen, in heiße Erregung einzutauchen, ins »Tun« zu wechseln und einen gemeinsamen Höhepunkt anzusteuern. Treffen Sie diese Entscheidung aber gemeinsam, damit sich nicht ein Partner aus der Verbindung »verabschiedet« und in Richtung Orgasmus davonprescht.

Gönnen Sie sich Begegnungen, in denen Sie sich gemeinsam ganz bewusst gegen einen Orgasmus entscheiden. Dann geht es um das gemeinsame sexuelle Schwingen im Gleichklang. Erzählen Sie einander, bei welcher Temperatur Sie gerade stehen und achten Sie darauf, nicht zu »heiß« zu werden. Halten Sie rechtzeitig inne. Beruhigen Sie Ihre Atmung und entspannen Sie sich ganz bewusst in die Erregung hinein.

Dadurch können Sie gemeinsam noch tiefer entspannen und die Qualität des Augenblicks genießen. Denken Sie daran, dass Sie nirgends hinwollen. Sie dürfen erregt sein, aber es gibt kein Ziel. Sie müssen nicht dafür sorgen, dass Ihr Partner bzw. Ihre Partnerin Lust empfindet. Niemand ist für das »Gelingen« der Begegnung verantwortlich. Zwar kann aus dem Nichts-Wollen und Nichts-Suchen durchaus ein spontaner Orgasmus entstehen, das sagt aber nichts über die Qualität der Begegnung aus.

Übung zur sexuellen Vereinigung: Anspannung und Entspannung

Planen Sie ein Lovedate und sorgen Sie dafür, dass Sie ungestört bleiben. Schalten Sie Handy, Fernseher und Computer aus. Schwingen Sie zunächst jeder für sich aus Ihrem Alltag aus und lassen Sie Gedanken und Sorgen Ihres täglichen Lebens für den Augenblick los.

Richten Sie sich gemeinsam eine Liebesstätte nach Ihren Wünschen, etwa mit leiser Hintergrundmusik, stimmungsvollen Kerzen oder Blumen, einer besonderen Decke oder Pölstern. Stellen Sie sich einen Wecker. (Wählen Sie zu Beginn Einheiten von ca. 45 Minuten. Sie können Ihre Begegnungen natürlich später beliebig lang ausdehnen.)

Beginnen Sie Ihre Begegnung wie bei der BASIS-Übung zur Vereinigung (Schritt 3) beschrieben. Wieder geht es um das gemeinsame körperliche Schwingen. Diesmal möchten wir Sie allerdings dazu ermuntern, Ihre Liebestemperatur nach einiger Zeit der Vereinigung bewusst und mit Absicht langsam zu steigern.

Stimulieren Sie Ihre Körper, wie es Ihnen gefällt und guttut. Bleiben Sie dabei aber jederzeit mit auftauchenden Gefühlen in Verbindung und achten Sie besonders auf Ihre Temperatur. Nehmen Sie bewusst wahr, wie sich Ihr Atem und die Bewegungen Ihres Körpers verstärken, je »wärmer« Sie werden. Erkunden Sie aufmerksam, wie sich Ihr Körper bei unterschiedlicher Temperatur anfühlt.

Bleiben Sie dabei die ganze Zeit bewusst miteinander in Verbindung und Austausch. Wie fühlt sich das Liebesspiel für Sie im Moment an? Was geht in Ihrem Körper vor? Welche Gefühle entstehen in Ihnen? Halten Sie Augenkontakt und steigern Sie langsam Schritt für Schritt gemeinsam Ihre Temperatur. Versuchen Sie dabei, gemeinsam und gleichzeitig der gleichen Temperaturkurve zu folgen. Tauschen Sie sich darüber aus, wie warm Sie gerade sind und was Sie sich wünschen, um Ihre Temperatur einander anzunähern. Zeigen Sie einander, dass Sie miteinander schwingen: Niemand prescht zum erregenden Finale davon. Niemand steigt körperlich und gedanklich aus und lässt »es« einfach über sich ergehen.

Denken Sie immer wieder daran, dass es kein Ziel zu erreichen gibt, und spielen Sie mit Ihrer Erregung. Halten Sie in aufheizenden Anspannungsphasen immer wieder gemeinsam inne, bevor die Temperatur zu heiß wird. Atmen Sie tief durch, verlangsamen oder stoppen Sie Ihre Bewegung. Lösen Sie Ihre Körperspannung und gleiten Sie gemeinsam in eine Phase der bewussten Entspannung. Nehmen Sie Kontakt zu Ihrer Lebens- und Liebesenergie auf. Lassen Sie Ihre Erregung weich und weit werden.

Stellen Sie sich vor, Sie haben bereits einen Teil des Weges zum Gipfel zurückgelegt. Jetzt befinden Sie sich auf einer wunderschönen Aussichtsplattform und legen eine Rast ein. Genießen Sie den Panoramablick, Ihr Miteinander und das energetische Pulsieren in Ihren Körpern.

Machen Sie sich schon zu Beginn der anschließenden Etappe aus, bei wie viel Grad Sie die nächste Pause machen wollen, und brechen Sie gemeinsam auf, wenn Sie sich etwas abgekühlt haben. Lassen Sie Ihre Körper wieder miteinander tanzen, miteinander atmen, miteinander schwingen und pulsieren. Wieder bleiben Sie bewusst in Verbindung und erzählen einander, wo Sie gerade stehen und was Sie brauchen. Folgen Sie Ihrer Lust, lassen Sie Ihre Temperatur gemeinsam nach oben klettern und entspannen Sie sich anschließend gemeinsam wieder in Ihre Erregung.

Folgen Sie diesem Wechselspiel von Anspannung und Entspannung bis zum Ende der Liebesstunde. Gemeinsam können Sie dann entscheiden, ob Sie Ihre Temperatur schließ-

lich auf 100 Grad aufheizen und mit einem Orgasmus ab-
schließen wollen oder ob Sie das Pulsieren der Energie in den
Alltag mitnehmen möchten.

Energiefluss – Wellen der Liebe

Lassen Mann und Frau bewusst Zielorientierung und
Anspannung los und geben sich dem, was kommt, und einander achtsam und wach hin, können sie nach einiger Zeit
wahrnehmen, wie die Energie zwischen Ihnen zu strömen beginnt. Vielleicht können Sie es nicht sofort beim ersten Mal
spüren, aber nach etwa 20 Minuten bewusster Vereinigung
beginnt zwischen Penis und Vagina ein Energieaustausch.
Energie beginnt vom Penis zum Muttermund zu fließen.

Um diesen Energiefluss zu beschreiben, bedienen
sich asiatische Liebestechniken eines Vergleichs mit dem
Magnetismus. Folgt man ihrer These, sind die Energiezentren
von Mann und Frau gegengleich gepolt. Vereinfacht entspricht also das Lustzentrum des Mannes einem positiven,
und das Lustzentrum der Frau einem negativ geladenen Pol.
Das Herzzentrum, und damit die Brust, ist hingegen bei
der Frau positiv (aktiv) und beim Mann negativ (rezeptiv)
geladen. Dabei hat »positiv« nichts mit »gut« und »negativ« nichts mit »schlecht« zu tun. Vielmehr geht es um die
Qualität des Energiezentrums. Positive Pole sind eher pulsierend, gebend bzw. aktiv, negative Pole hingegen empfan-
gend, sprich rezeptiv.

Treten Penis und Vagina nun in Austausch miteinander,
entsteht ein Kreislauf. Energie strömt von der »aktiven«
Penisspitze zum »rezeptiven« Muttermund, steigt dann auf
zum »aktiven« Herzen der Frau. Von dort fließt sie zum »rezeptiven« Herzen des Mannes und verbindet sich wiederum
mit dem Penis des Mannes.

Dieser Energiefluss kann sich von Paar zu Paar und von Mal zu Mal unterschiedlich anfühlen. Manchmal ist er nur ganz leicht, dann wieder sehr stark spürbar. Meist ist er eingebettet in ein Gefühl der Wärme. Er kann wie ein Sog oder ein Lichtband wirken, dann wieder wie ein Strom aus aufsteigenden, fröhlich kitzelnden Perlen. Bleiben Mann und Frau entspannt und in Verbindung, kann sich der Energiestrom weit über den Herz-Becken-Kreislauf hinaus in den Körper und darüber hinaus ausdehnen.

Beginnen Herzen und Becken miteinander zu strömen, dann fangen Mann und Frau an, miteinander zu schwingen. Der Ozean der Liebe öffnet sich und es entsteht ein wellenartiges Gefühl. Welle um Welle erfasst sie und lädt sie zum Tanz mit der Strömung. Manche Wellen sind hoch, hitzig und leidenschaftlich. Andere sind flach, kühl und ruhig. Es gibt nichts zu tun. Gemeinsam werden die Liebenden von Liebe und Lust zum Wellenkamm hochgetragen und gleiten auf ihrer Entspannung zurück in ein Wellental.

Sie gehen auf in absichtslosem Sein und genießen die unterschiedliche Qualität der Wellen. Jetzt können sie – tief in sich selbst verwurzelt – miteinander in Ekstase verschmelzen: Sie fühlen sich eins miteinander und der Welt, saugen die Süße des Augenblicks in sich auf und erleben seine Magie.

Diese Umorientierung fällt Frauen oft leichter als Männern. Sie empfinden das Strömen meist als logische Erweiterung ihres natürlichen Empfindens. Es spiegelt ihre Erregungskurve wider und lässt Zeit für Verbindung, Öffnung und Vertrauen. Manchmal entfalten sich in ihnen, ganz ohne Manipulation, spontane Orgasmen, die sie – wenn sie bewusst im Sein bleiben – nicht davon abhalten, auch weiterhin die Kostbarkeit jeder einzelnen Welle zu genießen.

Für Männer ist diese Art der Begegnung zunächst meist eine Herausforderung, weil Männlichkeit oft mit Aktivität, Bewegung und Orgasmus in Verbindung gesetzt wird.

Ihnen ist es vielfach unangenehm, »passiv« sein zu »müssen«. Zu sehr stand bisher schnelle Spannungsentladung im Mittelpunkt ihres Lustempfindens. Zu oft ist der Orgasmus mit dem grundsätzlichen Gefühl von Männlichkeit und Identität verknüpft. Tatsächlich können sich aber auch Männer dem Spiel der Wellen hingeben und absichtslose Lust genießen. Auch sie können »passive« Orgasmen aus der Entspannung heraus erleben, meist als orgiastische Zuckungen ohne Ejakulation.

Entspannen sich beide Partner in eine wertschätzende körperliche Verbindung, kann buchstäblich alles geschehen. Manchmal schwingen beide in ekstatischer Verzückung, manchmal fließen Tränen, die im Alltag keinen Platz haben, manchmal schwelgen sie in tief empfundener Liebe, manchmal werden Ängste sichtbar und gemeinsam geheilt. Manchmal langweilen sie sich auch oder schlafen – endlich einmal so richtig entspannt – ein.

Alles, was passiert, ist gut, richtig und wertvoll. Alles, was nicht passiert, auch. Denn egal was genau passiert, Mann und Frau begegnen einander. Sie beschenken einander mit Zeit und liebevoller, berührender Aufmerksamkeit. Das Gefühl, gesehen zu werden, und das Vertrauen zueinander erblühen. Die Bereitschaft, sich zu öffnen, und die Fähigkeit, zu lieben, ohne sich selbst aufzugeben, werden selbstverständlich und leicht. Freude und Lebensenergie sowie das Gefühl von Zufriedenheit, Erfüllung und Glück durchströmen das Paar noch lange nach der Vereinigung. Allein die Erinnerung an die körperliche Verbindung zaubert ein Lächeln in den Alltag. Die Körper bleiben offen und empfindsam. Die Herzen sprechen zueinander. Begehren und Erotik pulsieren in der Beziehung. Zärtliche Gesten, liebevolle Neckereien und lustvolle Küsse tragen das Miteinander.

Umsetzung in den Alltag – Wellenreiten

Je öfter Mann und Frau sexuell verschmelzen und je tiefer die Verbindung wird, desto intensiver verändert sich nicht nur ihre Beziehung, sondern ihr ganzes Leben – als Mann bzw. Frau und als Paar. Mann und Frau nehmen immer wieder Kontakt mit ihrem inneren Zentrum der Lebensfreude und Kraft auf, denn im entspannten Strömen und Pulsieren verbinden sie sich intensiv mit ihrer inneren Mitte. Sie wissen, was ihnen guttut, und wie sie ihr Leben in die eigenen Hände nehmen können. Sie erkunden und leeren ihren Kühlschrank Stück um Stück und erkennen ihr wahres *Ich* mit all seinen Facetten. Sie vereinigen sich mit ihrer lebendigen Urkraft als Mann bzw. als Frau, wissen, wer sie sind, und zunehmend auch, was sie wollen und können.

Je weniger Blockaden ihre Wahrnehmung und ihr Erleben damit einengen, umso umfassender und freier kann sich andererseits das Gefühl tiefer und absichtsloser Liebe in ihnen ausdehnen – Liebe zu sich selbst, zu ihren Liebsten und der ganzen Welt. Es schält sich aus kleinlichen Besitzansprüchen und notwendiger Bedürfnisbefriedigung und wird zum Lebens- und Beziehungspuls, dessen Schwingungen sich immer weiter in alle Daseinsbereiche ausdehnen.

Dehnt sich die Liebe als Lebensmittelpunkt aus, werden Unsicherheit, Missgunst und Unzufriedenheit immer nachhaltiger von Zuversicht und Freude abgelöst. Das Positive in ihrem Leben gewinnt immer mehr an Bedeutung. Negative Einflüsse und Entwicklungen beginnen aus ihrem Alltag und ihrem Empfinden zu verschwinden. Zunehmend ist das Leben leicht, sonnendurchflutet und voller Möglichkeiten. Früher unveränderlich scheinende Fixpunkte und Grenzen im Alltag oder in der Beziehung werden flexibel und weichen auf. Es entstehen Chancen auf Veränderung. Mann und Frau haben die Kraft, das Selbstbewusstsein und die Energie, diese auch wahrzunehmen und umzusetzen. Mehr und mehr leben sie, was sie wirklich ausmacht, und erfahren jenes Leben, das sie sich tatsächlich wünschen.

Tipp 1: Übung, Übung, Übung

Tatsächlich fühlen sich viele Menschen schon allein vom Gedanken erleichtert, dass es auch eine andere Form der Sexualität gibt. Ja, Sexualität kann in langdauernden Beziehungen nähren, statt erschöpfen. Ja, sie kann die Herzen zum Schwingen bringen. Ja, gemeinsame sexuelle Ekstase ist möglich.

Eine innere Ahnung fühlt sich endlich bestätigt. Aufgestauter Frust fällt von ihnen ab, und Mann und Frau fühlen sich vielfach mit einem Schlag wie befreit aus einem vielleicht bereits kalt und isoliert empfundenen Liebesleben.

Wie bei allem Neuen reicht es langfristig jedoch nicht, nur zu wissen, dass Sexualität mehr sein kann. Wirklich auf Dauer leben können Sie Ihre sexuellen Möglichkeiten tatsächlich nur dann, wenn Sie durch neues Erleben und Spüren alte, unbewusst in Ihnen verankerte Muster erkennen, auflösen und verändern. Obwohl das auf den ersten Blick vielleicht wenig motivierend klingen mag, bedarf es also der Übung, Übung und nochmals Übung, wenn Ekstase, Lust und innige Verbindung Ihr Liebesleben anhaltend bereichern sollen.

Tipp 2: Bleiben Sie dran!

Lassen Sie sich nicht von alten Mustern oder unbewussten Ängsten von Ihrem gemeinsamen Liebesabenteuer abhalten. Bleiben Sie dran, auch wenn Ihre Begegnungen immer wieder von Langeweile oder vielleicht sogar von Tränen oder Wut getragen sind, statt von Lust und Ekstase.

Bleiben Sie dran, auch wenn immer wieder hartnäckige, tief sitzende Denk- oder Verhaltensmuster auftauchen und Ihnen (mehr oder weniger subtil) zu verstehen geben, dass all das »unmoralisch«, »falsch«, »peinlich« wäre oder Sie es »nicht wert« wären. Bleiben Sie dran, auch wenn Sie auf diesem gemeinsamen Weg zum Kern Ihres Ichs und Ihrer Beziehung immer wieder Ihren großen Ängsten gegenüberstehen werden.

Tipp 3: Regelmäßige Lovedates

Planen Sie unbedingt regelmäßige gemeinsame Liebesstunden! Egal ob Sie gerade im Machtkampf hängen oder ob Sie von Liebe zueinander erfüllt sind. Egal ob Sie vor sexueller Lust sprühen oder ob Körperkontakt schwierig scheint. Egal ob der Alltag Sie fordert oder Sie Ihren Urlaub genießen. Egal ob Sie gerade Nähe suchen oder sich lieber zurückziehen oder verstecken wollen.

Wagen Sie ein Experiment und beschließen Sie, der gemeinsamen Sexualität die oberste Priorität in Ihrer Beziehung zu geben! Nehmen Sie sich immer wieder (z.B. zwei- bis dreimal pro Monat) bewusst Zeit füreinander und gehen Sie körperlich in Verbindung. Planen und organisieren Sie diese Lovedates mit der gleichen Sorgfalt wie andere Fixpunkte Ihres Alltagslebens und achten Sie darauf, die Termine auch unbedingt einzuhalten.

Tipp 4: Offenheit, Geduld und Wertschätzung

Obwohl die Qualität des sexuellen Miteinanders sich im Allgemeinen tatsächlich sehr rasch verbessert, stellen sich gerade zu Beginn viele Paare vor, von nun an immer auf Wolken sexueller Ekstase zu schweben. Sie glauben oft, dass sich quasi ein Schalter in ihnen umlegt und sie ab jetzt stets bewussten, statt unbewussten Sex erleben werden.

Genauso wenig, wie sich Ekstase und sexuelle Freude erzwingen lassen, genauso wenig gelingt jedes Mal eine völlig bewusste Begegnung. Auch wenn man die Tagesverfassung und äußere Einflüsse vernachlässigt, ist die Umstellung für niemanden einfach. Einige Menschen tun sich schwer mit dem tieferen Sinn hinter der Absichtslosigkeit, andere kämpfen damit, loszulassen und zu entspannen, manche können ihren Kopf und ihre inneren Bewertungsmuster nicht abschalten und wieder andere empfinden sich so verletzlich, dass sie (zunächst) gar nicht verstehen, was es bedeutet, sich Ihrem bzw. Ihrer Liebsten vorbehaltlos hinzugeben.

Tatsächlich birgt dieser veränderte Zugang zu Sexualität für jeden Menschen, egal ob Mann oder Frau, Tücken und Fallstricke. Obwohl es auf den ersten Blick vielleicht so scheinen mag, als wäre die Umstellung für einen oder eine von beiden leichter und nur für den anderen oder die andere schwierig, werden Sie erkennen, dass Sie zu unterschiedlichen Zeiten unterschiedlichen, individuellen Herausforderungen begegnen werden, je weiter Sie auf Ihrer sexuellen Liebesreise vordringen. Wir erleben, dass es zu Beginn meist für die Männer schwieriger ist, sich auf diese neue Form der Sexualität einzulassen, weil sie das Gefühl haben, auf ihren Orgasmus verzichten zu müssen und noch nicht den Gewinn dahinter erahnen. Später kommen bei den Frauen Themen wie *»Bin ich es wirklich wert, von meinem Mann so geliebt zu werden?«* oder *»Seit wir unsere Sexualität auf diese neue Art und Weise leben, möchte ich am liebsten jeden Tag mit ihm ins Bett. Ich befürchte, dass er mich als unersättlich empfindet ...«.*

Rufen Sie sich daher immer wieder die Grundfesten liebevoller Beziehungen in Erinnerung. Begegnen Sie einander mit offenem Herzen, mit liebevoller Geduld und uneingeschränkter Wertschätzung – vor allem, wenn einmal etwas nicht klappt. Ziehen Sie sich nicht enttäuscht zurück oder verschanzen sich hinter der Gewissheit, ohnehin nicht zu bekommen, was Sie sich wünschen. Lösen Sie sich von diesen Mustern. Bleiben Sie stattdessen in Verbindung und erzählen Sie einander von den schönen Aspekten der Begegnung. Verschweigen Sie nicht, was für Sie noch nicht optimal gelaufen ist, aber vermeiden Sie jegliche Kritik, Beschuldigungen oder Beschämungen. Formulieren Sie vielmehr Herausforderungen, Wünsche und Lernpotenziale für die nächsten Male.

Tipp 5: Liebesdienste

Eine wunderbare Möglichkeit, gegenseitige Wertschätzung und offenes Wohlwollen auch in Ihrem sexuellen Liebesleben zu stärken und zur Selbstverständlichkeit werden zu lassen, sind freiwillige kleine, gegenseitige Liebesgaben. Zeigen Sie einander Ihre Zuneigung und Ihre Wertschätzung immer wieder mit selbstlosen, kleinen Liebesdiensten für Ihren Liebsten bzw. Ihre Liebste – ohne daran eine Forderung zu knüpfen.

Liebesdienste gibt es natürlich so viele unterschiedliche, wie es Paare gibt, daher sollen die folgenden Übungsvorschläge Ihnen nur als erste Ideenlieferanten dienen, wie Sie einander vielleicht Gutes tun könnten. Je mehr sie aber voneinander erfahren und je besser Sie einander auch auf körperlicher Ebene kennenlernen, umso selbstverständlicher werden Sie Ihre eigenen Liebesrituale und -gaben finden und gemeinsam entwickeln. Liebesdienste können auf unterschiedliche Weise geschehen. Zum Beispiel durch eine Einladung zu einem Konzertbesuch, einer gemeinsamen Klettertour, durch das Ausräumen des Geschirrspülers oder das Erledigen eines Botenganges. Auf den folgenden Seiten möchten wir Ihnen ein paar Liebesdienste für die körperliche Ebene vorstellen:

Übung Liebesdienst – Halten der Brüste

Der Mann kann seiner Frau einen wunderbaren Liebesdienst erweisen, wenn er die Brüste seiner Partnerin umfasst, diese achtsam und absichtslos für eine vereinbarte Zeit hält und dabei liebevoll präsent ist. Obwohl das auf viele Frauen sehr reizvoll und erotisch wirken kann, geht es dabei nicht um das Anheizen der Liebestemperatur oder eine Art Vorspiel. Vielmehr überreicht der Schenkende seiner Angebeteten seine gesamte wohlwollende Aufmerksamkeit. Während sie sich achtsam mit ihren Liebesfrüchten verbindet, vermittelt er ihr, verstärkt durch seine Hände, das Gefühl, uneingeschränkt willkommen zu sein.

Übung Liebesdienst – Massage des Lustzentrums

Genauso wohltuend kann es z.B. für den Mann sein, wenn ihn seine Partnerin mit einer Massage seines Lustzentrums beschenkt, denn auch und ganz besonders dort hinterlässt der Alltag oft intensive Verspannungen. Wieder geht es nicht um eine Stimulation, sondern um Entspannung. Der Mann soll nichts leisten, nichts darstellen, nichts aktiv tun, sondern Zärtlichkeit und Wertschätzung empfangen.

Die Frau verteilt Massageöl auf ihren Händen, wärmt diese etwas auf und bedeckt zu Beginn Penis und Hoden ihres Partners mit beiden Handflächen. Nach der ersten Kontaktaufnahme beginnt sie dann liebevoll, vorsichtig (!) und langsam (!) mit der Massage. Mit kreisenden, ziehenden und streichelnden Massagebewegungen pflegt sie jeden Zentimeter der vor ihr ausgebreiteten »Herrlichkeit«. So ertastet sie etwa vorsichtig neben den Samenleitern auch die Hoden in den Hodensäcken und umstreicht diese liebevoll. Auch erkundet sie die Umgebung, den Anus, den Beckenboden oder die Leisten, sucht nach Verhärtungen und streicht Verspannungen aus.

Währenddessen entspannt sich der Empfangende in das ihm geschenkte absichtslose Wohlwollen und bittet rechtzeitig um kurze Pausen, falls sich sein Genuss in zu große Erregung verwandelt. Auch er bleibt präsent, hört auf seine Wünsche und Bedürfnisse und teilt seiner Liebsten mit, wie sie ihm besonders guttun kann.

Übung Liebesdienst – sexuelle Vereinigung

Beginnen Sie die Vereinigung wie bei der Übung zur sexuellen Vereinigung (Anspannung und Entspannung). Steigern Sie gemeinsam Ihre Liebestemperatur auf etwa 70 Grad und teilen Sie einander immer wieder mit, wie warm Sie bereits sind.

Dann beginnt der Liebesdienst des Mannes. Dabei achtet er darauf, seine Temperatur nicht über 70 Grad ansteigen zu lassen, während er die Temperatur seiner Liebsten langsam auf 90 bis 100 Grad steigert. Das heißt: Orgasmen sind willkommen. Allerdings vorerst nur bei ihr.

Während der ganzen Vereinigung halten Mann und Frau ihre bewusste Verbindung zueinander und tauschen sich darüber aus, wo sie gerade stehen und wie es ihnen geht. Die Frau gibt sich ihrer Lust hin und erzählt ihrem Partner von ihren Wünschen und Vorlieben.

Natürlich ist am Ende der vereinbarten Zeitspanne, wenn der Wecker läutet, auch für den Liebesdiener ein Orgasmus möglich. Inzwischen übt sich der Schenkende jedoch ausführlich in Gelassenheit und Entspannung. Er ist ein achtsamer Liebhaber, mit dem Wunsch, seine Liebste so lange und so ausdauernd und so umfassend wie möglich zu verwöhnen. Als idealer Lover versucht er, ihre Wünsche wahr werden zu lassen. Alles dreht sich um *ihr* sexuelles Vergnügen. Sie soll voll und ganz in Lust und Liebe eintauchen.

Während er seine uneingeschränkte Aufmerksamkeit auf seine

Partnerin und ihre Lust konzentriert, beobachtet er seine eigene Erregung nur »aus den Augenwinkeln«, um sie konstant zu halten. Wird er doch zu heiß, erzählt er seiner Partnerin davon und legt bewusst und rechtzeitig einen Stopp ein. Er entspannt sich mittels vertiefter Atmung bis er auf ca. 70 Grad abgekühlt ist und nimmt dann seinen Liebesdienst wieder auf.

Tipp 6: Spielerische Vielfalt

Lassen Sie sich darauf ein, dass jede Begegnung ein Wagnis ist. Jeder sexuelle Moment, jede Vereinigung ist neu. Denn selbst wenn Sie einander auf bereits bekannte Art und Weise begegnen, wird (soll und darf!) Ihr aktuelles Erleben in diesem speziellen Augenblick anders sein.

Wir wollen Sie dazu ermutigen, jedes (!) Erlebnis als einmalig und nicht wiederholbar anzuerkennen, auch wenn Sie eine Verbindung als überaus lustvoll und erfüllend erlebt haben. Gönnen Sie sich jedes Mal einen aufmerksamen Blick in sich selbst und formulieren Sie die Ideen, Vorstellungen oder Wünsche in diesem Moment. Betreten Sie jede Begegnung ohne Plan, ohne Vorstellung und ohne Ziel. Überlassen Sie dem Augenblick die Regie und geben Sie sich all dem hin, was er für Sie bereithält.

Bleiben Sie offen für alles, was Ihnen einfällt, und wertschätzen Sie alles, was möglicherweise unerwartet auftaucht. Genießen Sie Ihre Begegnungen auf so unterschiedliche Weise wie möglich – mal schnell und heiß, mal eher kühl und entspannt, mal laut, leidenschaftlich und wild, mal in gelassener Langsamkeit, mal füreinander, mal miteinander, mal im Gespräch und ständigem Austausch, mal durch stillen Augenkontakt verbunden und in intensivem Kontakt zu sich selbst.

Übung zur sexuellen Vereinigung: Verbundene Atmung
Schaffen Sie sich Zeit, Raum und eine sichere, ungestörte Atmosphäre wie bei den vorigen Vereinigungsübungen.

Schritt 1: Solo (~20 Minuten)
Sie können das Solo auch nebeneinander machen, jedoch bleibt zunächst jeder für sich. Ähnlich wie beim Hauptteil der Übung für Frauen – Atemübung zur Verbindung von Brüsten und Vagina – und Übung für Männer – Atemübung zur Verbindung von Herz und Penis – verbinden Sie über den Atem Ihren Herzraum mit Ihrem Lustzentrum.
Entspannen Sie sich, konzentrieren Sie sich ganz auf Ihren Atemfluss. Nehmen Sie wahr, wie sich die Lebendigkeit in Ihnen aktuell anfühlt. Sind Sie dann gut mit Ihrem Körper verbunden, stellen Sie sich vor, wie Ihr Atem Ihre Vagina mit Ihren Brüsten bzw. Ihren Penis mit Ihrem Brustraum verbindet.
Achten Sie darauf, dass Sie durch Ihren negativen (empfangenden) Pol einatmen und über Ihren positiven (aktiven) Pol ausatmen.
Als Frau: Atmen Sie durch Ihre Vagina ein und durch Ihre Brüste aus.
Als Mann: Atmen Sie durch Ihren Brustkorb ein und durch Ihren Penis aus.
Manchmal kann es sehr hilfreich sein, den Atemfluss mithilfe einer (für Sie passenden) Farbe zu visualisieren und so zu verstärken. Bleiben Sie geduldig, wenn diese Form der Atmung vielleicht nicht sofort gelingt. Je öfter Sie diese Atmung – vielleicht auch in kurzen Einheiten im Alltag – üben, umso selbstverständlicher wird diese Verbindung gelingen.

Schritt 2: Trockentraining (~20 Minuten)
Fühlen Sie den Energiefluss deutlich und klar und sind Sie gut mit Ihrem Körper verbunden, dann setzen Sie sich bitte aufrecht einander gegenüber auf Ihre Liebesstätte. Nähern Sie

sich einander mit gegrätschten Beinen, sodass Ihre Becken einander möglichst nahekommen.

Konzentrieren Sie sich nun wieder auf Ihren eigenen Atemkreislauf. Wenn Sie wieder zu Ihrem eigenen Rhythmus gefunden haben, dann dehnen Sie den Kreislauf nun auf Sie als Paar aus. Bestimmen Sie, wer in den Atemrhythmus einführt, und beginnen Sie dann, gemeinsam zu schwingen. Stellen Sie sich dabei vor, dass durch Ihre Atmung ein Kreis zwischen Ihnen geschlossen wird: Während der Mann über seinen Penis ausatmet, atmet die Frau zeitgleich über ihre Vagina ein. Im selben Moment, wie sie über ihre Brüste ausatmet, atmet der Mann über seine Brust ein. So fließt die Energie vom Herzraum der Frau zum Herzen des Mannes, steigt dort ab, strömt vom Penis des Mannes zur Vagina der Frau und steigt in ihr wieder auf.

Wieder können Sie den Kreislauf durch die Visualisierung einer Farbe möglicherweise unterstützen. Was löst der Energiefluss in Ihnen und zwischen Ihnen beiden aus? Bleiben Sie bei jedem Atemzyklus achtsam miteinander in Verbindung. Nehmen Sie aber nichts zu ernst – es darf natürlich auch gelacht werden.

Schritt 3: Vereinigung mit Kreisatmung (~20 Minuten)
Sind Sie mit Schritt 1 und 2 vertraut und darin schon etwas geübt, können Sie diese Kreisatmung auch bei der Vereinigung einfließen lassen. Bereiten Sie dafür Zeit, Raum und Atmosphäre vor wie gehabt.

Sind Sie miteinander in körperlicher Vereinigung, lassen Sie den bereits bekannten Atemkreislauf in Ihr Pulsieren mit einfließen. Während der Mann wieder über seinen Penis ausatmet, atmet die Frau über den Muttermund ein. Dabei kann sich die Energie in der Frau am besten ausbreiten, wenn die Penisspitze in einem angenehmen Abstand vom Muttermund entfernt ist und diesen nicht direkt berührt. Umgekehrt atmet anschließend die Frau über ihren Busen aus und der Mann über seinen Brustraum ein.

Nach einigen Minuten spüren Sie wahrscheinlich, verstärkt durch die Kreisatmung, den Energiekreislauf zwischen Ihren Liebesinstrumenten. Manchmal ist es angenehm, die Wellen des Atemflusses durch leichte Körperbewegungen zu unterstützen. Manchmal breitet sich der Kreislauf am besten in der Stille aus. Manchmal tut es gut, sich zwischendurch aus dem gemeinsamen Energiefluss in den eigenen Rhythmus zurückzubesinnen, um dann wieder in Verbindung zu gehen. Achten Sie darauf, was sich für Sie im Augenblick gut anfühlt und tauschen Sie sich miteinander darüber aus.

Übung zur sexuellen Vereinigung: Verlangsamte Bewegung
Vorbereitung und Beginn wie bei den vorigen Vereinigungsübungen.
Legen Sie bei dieser Vereinigung gemeinsam Ihren Fokus darauf, sich bei allem so langsam wie möglich zu bewegen. Ja, es geht noch langsamer. Echter »Schneckensex« ist die Devise. Sie haben alle Zeit der Welt. Es gibt nichts zu erreichen.
Bleiben Sie voller achtsamer Konzentration. Öffnen Sie Ihre Wahrnehmung für alles Erfahr- und Spürbare im selben Ausmaß, wie Sie Ihren Bewegungsfluss stetig verlangsamen. Tauchen Sie ein in die Weiten des ultimativen Spürens und erfahren Sie den Liebesozean in Zeitlupe.
Nach Ablauf der vereinbarten Zeit lösen Sie sich aus der Vereinigung, danken Sie einander für diese Erfahrung und tauschen Sie sich darüber aus, wenn Bedarf besteht.

Tipp 7: Verknüpfung und Pflege aller Ebenen

So wie die Bewusstwerdung auf der Ich-Ebene untrennbar verknüpft ist mit Wachstum und Heilung auf der Wir-Ebene, findet der gleiche Prozess auch auf emotionaler und sexueller Ebene statt. Je weiter Mann und Frau auf ihrer sexuellen Beziehungsreise vorankommen, umso eher verschmelzen alle Ebenen zu einem großen Ganzen und können immer weniger losgelöst voneinander betrachtet werden.

So ist zwar die heilende Kraft der sexuellen Vereinigung von besonders intensiver Energie getragen und setzt daher oft besonders starke Änderungsimpulse im Leben von Mann und Frau und in ihrer Beziehung in Gang. Denn sexuelle Begegnungen rütteln häufig Konzepte und Gefühle wach, die auf emotionaler Ebene auflösbar sind und das Miteinander auf Herzensebene verändern. Umgekehrt sind aber emotionale Heilung, Begegnung und Wachstum auf emotionaler Ebene wichtig, damit sich Mann und Frau überhaupt öffnen, zeigen und aufeinander zugehen können. Dafür ist es jedoch wiederum notwendig, dass Mann und Frau Kontakt zu sich selbst aufbauen und dauerhaft pflegen.

Setzen Sie daher in allen Bereichen auf Bewusstheit. Zwar ist nicht zu jedem Zeitpunkt überall gleich viel zu tun. Bleiben Sie allerdings wach und pflegen Sie die Verbindung auf der emotionalen und der körperlichen Ebene, sowohl im gemeinsamen Wir als auch im Ich.

Ebene 1: Sorgen Sie gut für sich selbst
- Schaffen Sie wertschätzend Raum für Ihr inneres »Nein!« und erkunden Sie genau, wozu Sie »Ja!« sagen möchten.
- Übernehmen Sie die Verantwortung dafür, was Sie (er)leben möchten, und werden Sie selbst aktiv.
- Gönnen Sie sich Zeit mit guten Freunden. Es ist wichtig, dass Sie neben Ihrer Partnerin bzw. Ihrem Partner auch Freundinnen bzw. Freunde haben, die für Sie da sind, die Ihnen guttun und Sie in Ihrer Entwicklung unterstützen.

- Trainieren Sie Ihre Sinneslust im Alltag. Erkennen Sie kleine Genussmomente in Ihrer täglichen Routine und gönnen Sie sich diese voller losgelöster Präsenz und sinnlicher Hingabe (z.B. beim Essen, beim Sport, in der Natur, beim Spielen mit Ihren Kindern oder bei einer Massage).
- Steigern Sie die Bedeutung von Entspannung in Ihrem Leben. Sorgen Sie aktiv dafür, dass auf jede Anspannung auch eine Phase der Entspannung und der Regeneration folgt. Achten Sie auf gute Ernährung, freudvolle und energetisierende Bewegung sowie auf ausreichend Schlaf und Ruhezeiten.
- Beschenken Sie sich jeden Tag mit kurzen Verwöhneinheiten für Körper und Seele – vielleicht in Form einer Massage, eines Friseurbesuchs, einer Tasse Tee im Garten, einer Viertelstunde Muße für ein interessantes Buch, Zeit für eine Tätigkeit, die Sie erfüllt und zufrieden macht, oder auch mal mit einer kleinen Liebesgabe an sich selbst.
- Laden Sie Gelassenheit, Freude und Zufriedenheit in Ihr Leben ein und genießen Sie ganz bewusst jeden schönen Augenblick und jeden Erfolg.

Ebene 2: Pflegen Sie aktiv Ihre Herzensverbindung
- Planen Sie regelmäßige, ungestörte Zeiten für sich als Paar. Halten Sie diese konsequent ein und organisieren Sie gemeinsam die notwendigen Details, damit alles klappt.
- Verankern Sie Wertschätzung und achtsame Begegnungen und begegnen Sie einander mit konstruktivem Feedback. Sprechen Sie darüber, was Sie beschäftigt. Lassen Sie Ihr Gegenüber an Ihren Wünschen, Gedanken, Plänen oder Sorgen teilhaben. Das schafft eine gemeinsame Beziehungsbasis, Vertrauen und Verbindung.

- Nutzen Sie Ihr Beziehungskraftfeld als Stimmungsbarometer ihres Miteinanders. Übernehmen Sie gemeinsam die Verantwortung für dieses Energiefeld
und arbeiten Sie regelmäßig daran, dieses in Ihren
ganz persönlichen Liebesgarten zu verwandeln.

- Zeigen Sie Kompromissbereitschaft und fragen
Sie sich »Zu welchem Aspekt kann ich schon ›Ja!‹
sagen?«, selbst wenn ein uneingeschränktes ›Ja!‹ zu
einem bestimmten Thema (noch) nicht möglich ist.

- Halten Sie den Traum Ihrer ersten Verliebtheitstage
lebendig. Worin haben Sie sich verliebt? Was würden
Sie gerne machen, wenn Sie noch so frisch verliebt
wären? Was möchten Sie wieder erleben? ...

- Zeigen Sie einander Ihr Interesse und Ihre Wertschätzung. Kleiden Sie sich sorgsam und füreinander ansprechend. Laden Sie einander etwa zum Essen
oder zu einem Konzert ein. Achten Sie darauf, was
Ihr Liebster bzw. Ihre Liebste mag oder nicht mag.
Überraschen Sie einander. Studieren, erlernen und
sprechen Sie die Sprache der Liebe Ihrer Partnerin
bzw. Ihres Partners. ...

- Zeigen Sie sich verletzlich, muten Sie sich Ihrem
bzw. Ihrer Liebsten zu und leben Sie Präsenz und
Offenheit.

Ebene 3: Vertiefen Sie Ihre sexuelle Verbindung
- Vergessen Sie, was Sie von Sex zu wissen glauben,
und öffnen Sie sich für Neues.

- Lösen Sie sich (immer wieder) von dem Gedanken,
dass Sie für Ihre sexuelle Erfüllung etwas tun, etwas
leisten müssen! Es gibt kein Ziel!

- Bleiben Sie wachsam und verbannen Sie jede auftauchende Bewertung aus der gemeinsamen Liebesstätte.
Alles, was da ist und kommt, ist gut. Alles, was nicht
da ist und nicht kommt, ist auch gut.

- Begegnen Sie einander auf Augenhöhe. Bleiben Sie offen und neugierig und verbannen Sie Sarkasmus, Schuldzuweisungen, Rechthaberei und vorauseilenden Gehorsam aus Ihrem Bett.
- Erinnern Sie sich: Sie sind ein Team. Es gibt keine Fehler, kein Richtig oder Falsch. Es gibt nur Erfahrungen, an denen Sie beide wachsen und Ihre gemeinsame Basis stärken können.
- Feiern Sie Ihre Sexualität! Verbinden Sie sich jeden Tag zumindest für einige Augenblicke mit Ihrem gesamten Körper und Ihren Lustzentren. Atmen Sie tief ein und aus und dehnen Sie Ihr sexuelles Ich Stück für Stück weiter aus. Wie fühlt es sich an, ganz Frau bzw. ganz Mann zu sein? Nehmen Sie sich Zeit, sich selbst zu verwöhnen.

Gestatten Sie sich, die leisen Botschaften und feinen Gefühle Ihres Körpers zu erkunden, und probieren Sie aus, was möglich wird, wenn Sie starke, eindimensionale Reize wie Pornos und Sexspielzeug beiseitelegen.

Tipp 8: Beleben Sie Ihre Sexualität durch Worte und Bilder

Zuletzt wollen wir Ihnen eine für uns ganz besonders wertvolle Empfehlung mit auf den Weg geben: Schaffen Sie eine gemeinsame Sprache und vor allem gemeinsame Bilder für Ihre Sexualität.

Nachdem Mann und Frau mit den Jahren oft auch innerlich verstummen, wenn es um sexuelle Dinge geht, können sich viele Paare eine gemeinsame Sex-Sprache nicht einmal vorstellen. Als eine Art Geheimcode sind solche Bilder oder Ausdrücke jedoch nicht nur oft aufregend, erotisch und ein Zeichen von exklusiver Verbundenheit. Vielmehr erleichtern diese auch die Kommunikation über heikle Themen, gerade zum Beginn des gemeinsamen sexuellen Abenteuers. Denn oft ist es viel einfacher, über ein gemeinsames Bild auszudrücken, was Sie tatsächlich brauchen und wollen. Sie können ohne Peinlichkeit und ohne zu verletzen Fragen stellen, wenn Sie unsicher sind. Gemeinsame Bilder gewähren durch ihren Symbolcharakter direkten und verständlichen Zugang zu verborgenen Gefühlen. Dadurch können Sie die symbolische Ebene nutzen, um einander Wichtiges mitzuteilen, ohne sich selbst bzw. einander zu verletzen oder zu beschämen. Wir zeigen Ihnen das ganz konkret an dem nachfolgenden Bild vom Strand, das uns eine Zeit lang in unserer Beziehung begleitet hat.

Befreien Sie sich also ganz bewusst aus der »Normalität« Ihrer Sprachlosigkeit. Beginnen Sie bei sich selbst, indem Sie etwa liebevolle Kosenamen für Ihre Lustorgane erwählen. Wie sehen Sie sich selbst und welche Worte, Farben, Liedertexte oder Gedichte beschreiben Ihre Liebeszonen am besten? Gehen Sie dann auf Ihren Liebsten bzw. Ihre Liebste zu und teilen Sie Ihre Erkenntnisse. Wie soll Ihr Partner bzw. Ihre Partnerin Ihre individuelle Schönheit ansprechen und ehren? Wie dürfen Sie das bei ihm oder ihr tun? Gestatten Sie sich, einander sexuelle Fantasien zu erzählen, und lassen Sie wunderbare gemeinsame Erlebnisse in Ihre Sprache miteinfließen. Springen Sie über Ihren Schatten, nehmen Sie sich Zeit und entwickeln Sie eine gemeinsame sinnliche Sprache und stimmige Bilder für Ihren sexuellen Austausch.

Elisabeth und Stefan erzählen: das Bild vom Strand

Wir lieben das Bild vom Strand und den Wellen, weil es für uns eine wunderbar sinnliche Umschreibung für unsere sexuellen Begegnungen ist.

Nicht immer sind wir zu Beginn unserer körperlichen Begegnung jedoch völlig im Einklang miteinander. Vielmehr kann für uns beide oder für einen von uns der

Strand noch ein Stück entfernt sein. Dann blockieren aktuelle Befindlichkeiten, Anspannung, wichtige Themen aus dem Alltag, unbewusste sexuelle Konditionierungen oder auch die aktuelle Beziehungsdynamik den Blick und den Weg zum Wasser. Gedanken wie »Hab ich alles erledigt, was wichtig und dringend war?«, »Ich muss noch Herrn XY zurückrufen«, »Hoffentlich stören uns die Kinder nicht!«, »Wird sie/er heute wirklich wollen?« oder »Wir haben nur eine Stunde Zeit, hoffentlich geht sich das aus« halten uns noch im Hinterland fest.

Schon an diesem Punkt erweist sich unser Bild für uns nicht nur als sehr stimmig, sondern auch als sehr hilfreich. Denn beschreiben wir einander gegenseitig unsere inneren Bilder vom Hinterland und dem Strand, fällt es uns leichter, einander zu hören, zu verstehen und mitfühlend zu begegnen. Es ist für uns viel angenehmer, zu sagen und zu hören »Ich bin noch ziemlich weit vom Strand entfernt« als »Ich bin noch gar nicht erregt«. So entstehen weder Frust, Ärger noch gegenseitiger Druck, selbst wenn einer von uns bereits am Strand angekommen und bereit für das Eintauchen in die Wellen ist. Stattdessen erkennen beide, was da noch den Blick zum Strand versperrt und können im Bild darauf reagieren. Wir sehen vielleicht, dass unser Gegenüber noch mehr Zeit braucht, um durch den Alltagsdschungel zum Strand zu gelangen. Oft können wir einander sogar helfen, Hindernisse zu identifizieren und sie gemeinsam aus dem Weg zu räumen oder einen alternativen Weg zu finden. So fällt es uns leicht, uns schon in der Eingangsphase unserer eigentlichen Begegnung zu öffnen und zu begegnen.

Wir haben es uns zur Gewohnheit gemacht, den Strand erst zu betreten, wenn wir beide einen Weg dorthin gefunden haben. Denn aus Erfahrung wissen wir, wie sehr es die Qualität der Begegnung steigert, wenn wir beide tatsächlich bereit für Verbindung sind. Dann erst ist es für uns beide möglich, die sexuelle Begegnung präsent und gemeinsam zu erleben.

Nun spazieren wir voller Lebensfreude über unseren Strand. Wir erleben und schildern einander, wie wir ihn in diesem Moment wahrnehmen. Wir schwingen uns aufeinander ein, hören in uns hinein, erkunden unsere innere Bereitschaft und achten auf die Signale unseres Körpers – auf unser wohlwollendes »Ja!« Schon vor der eigentlichen Vereinigung genießen wir während dieser Zeit das Gefühl der Verbindung, der Liebe und der Freude. Wir spüren den Sand unter unseren Füßen, sammeln vielleicht einige Muscheln und betrachten den Himmel, die Wolken, die Palmen, riechen die Meeresbrise und erkunden die menschenleere Weite.

Haben wir uns dann aufeinander eingestimmt, gleiten wir in das Wasser. Jetzt sind wir bereit, uns den Wellen, der Bewegung und der Strömung hinzugeben. Jedes Mal erscheint uns das Meer neu – mal mit hohen Wellen, mal spiegelglatt, mal sonnengewärmt und schmeichelnd, dann wieder atemberaubend kraftvoll. Ganz bewusst spüren wir Zentimeter um Zentimeter den Kontakt mit dem Wasser, indem sich Penis und Vagina einander annähern und einander Stück um Stück achtsam und neugierig begegnen. Wir spüren, wie uns das Meer aufnimmt, entspannen uns in die Strömung und spüren unsere Verbundenheit. Ohne Ziel überlassen wir es dem Rhythmus der Wellen, ob wir schwimmen, tauchen oder uns treiben lassen. Entspannt und doch hellwach genießen wir die Temperatur, das Blau des Meeres, die Sonnenstrahlen und geben uns der Unvorhersehbarkeit des Ozeans hin.

Nachwort: Die Mondschweinsonate

Ein Mondschwein,
das da saß so ganz allein
und sich so dachte:
»Ach, wenn ich doch endlich wieder einmal machte
so richtig Liebe mit Herrn Eber,
dann ging es mir viel eher
wieder richtig rund und gut.«
Sagt's, stand auf und tut's …

In diesem Sinne wünschen wir Ihnen, liebe Leserin und lieber Leser, Leichtigkeit, Humor und Freude auf Ihrer Liebes-Abenteuerreise!

Anhang

Danksagung

Ein riesiges Dankeschön zuallererst an Barbara Füreder: Du hast ganz wesentlich dazu beigetragen, dass dieses Buch Wirklichkeit wurde!

Ein großes Danke an unsere Kinder, dass Ihr uns immer wieder freigegeben habt, um an diesem Buch zu arbeiten – wir haben Euch sehr lieb! Es ist so schön, dass Ihr in unserem Leben seid!

Ein herzliches Danke an meine (Schwieger-)Mutter Angelika, dass du unsere Kinder in der Zeit unseres Buchprojektes so gut betreut hast.

All unsere Freundinnen und Freunde, die an uns geglaubt, uns unterstützt haben beim Dranbleiben und uns ermutigten, wenn wir aufgeben wollten: Danke, Ihr bereichert mit Eurer Liebe und Freundschaft ganz wesentlich unser Leben!

Unser Dank gebührt Hedy & Yumi Schleifer sowie Maya Kollmann, von welchen wir wirklich viel gelernt haben.

Unseren Freundinnen und Freunden bei der österreichischen Imago-Community danken wir für die berührenden Begegnungen und den Austausch auf professioneller Ebene.

Ein Danke auch an Verena Minoggio-Weixlbaumer und Elmar Weixlbaumer vom Goldegg Verlag für die professionelle, leichte und inspirierende Zusammenarbeit und ihre wertvollen Kommentare sowie ihre große Kompetenz rund um das Thema Buch.

Quellen & Literaturempfehlungen

Amelang, Manfred et al. (Hrsg.) (1995). Partnerwahl und Partnerschaft. Formen und Grundlagen partnerschaftlicher Beziehungen. Hogrefe Verlag – Göttingen.

Bauer, Joachim (2004). Das Gedächtnis des Körpers: Wie Beziehungen und Lebensstile unsere Gene steuern. Heyne Verlag – München.

Bauer, Joachim (2006). Warum ich fühle, was du fühlst: Intuitive Kommunikation und das Geheimnis der Spiegelneurone. Heyne Verlag – München.

Bauer, Joachim (2008). Prinzip Menschlichkeit: Warum wir von Natur aus kooperieren. Heyne Verlag – München.

Bösel, Sabine und *Roland* (2010). Leih mir dein Ohr und ich schenk dir mein Herz. Orac Verlag – Wien.

Bösel, Sabine und Roland (2013). Warum haben Eltern keine Beipackzettel? Orac-Verlag – Wien.

Bragagna, Elia (2010). Weiblich, sinnlich, lustvoll: Sexualität erfüllt erleben. Verlag Ueberreuter – Wien.

Brown, Brené (2013). Verletzlichkeit macht stark: Wie wir unsere Schutzmechanismen aufgeben und innerlich reich werden. Kailash Verlag – München.

Chapman, Gary (2009). Die fünf Sprachen der Liebe. Verlag der Francke-Buchhandlung – Marburg an der Lahn.

Chödrön, Pema (2013). Meditieren. Freundschaft schließen mit sich selbst. München.

Fisher, Helen (2005). Warum wir lieben. Die Chemie der Leidenschaft. Walter Verlag – Düsseldorf und Zürich.

Fredrickson, Barbara L. (2011). Die Macht der guten Gefühle. Campus Verlag – Frankfurt a.M.

Fredrickson, Barbara L. (2013). Die Macht der Liebe. Campus Verlag – Frankfurt a.M.

Germer, Christopher und *Salzberg, Sharon* (2015). Der achtsame Weg zum Selbstmitgefühl. Arbor Verlag – Freiburg im Breisgau.

Goleman, Daniel (2000). Die heilende Kraft der Gefühle. DTV-Verlag – München.

Gottman, John M. (2014). Die 7 Geheimnisse der glücklichen Ehe. Ullstein Verlag Berlin.

Hanson, Rick (2013). Denken wie ein Buddha. Irisiana Verlag – München.

Hendrix, Harville (2009). So viel Liebe wie Du brauchst. Renate Götz Verlag – Dörfles.

Hollis, James (1998). The Eden Project. In Search of the Magical Other. Inner City Books – Toronto.

Hüther, Gerald (2012). Was wir sind und was wir sein könnten: Ein neurobiologischer Mutmacher. Fischer Verlag – Berlin.

Johnson, Susan M. (2009). Praxis der Emotionsfokussierten Paartherapie. Junfermann Verlag – Paderborn.

Jung, C. G. (2011). Landkarte der Seele: Eine Einführung. Patmos Verlag – Ostfildern.

Lyubomirsky, Sonja (2013). Glücklichsein – Warum Sie es in der Hand haben, zufrieden zu leben. Campusverlag – Frankfurt am Main.

Ranke-Heinemann, Uta (2012). Euchnuchen für das Himmelreich. Heyne Verlag – München.

Seligman, Martin (2012). Flourish – Wie Menschen aufblühen: Die Positive Psychologie des gelingenden Lebens. Kösel Verlag – München.

Siegel, Daniel; Hartzell, Mary (2004). Gemeinsam leben, gemeinsam wachsen. Wie wir uns selbst besser verstehen und unsere Kinder einfühlsam ins Leben begleiten können. Arbor Verlag – Freiburg.

Siegel, Daniel (2006). Wie wir werden, die wir sind: Neurobiologische Grundlagen subjektiven Erlebens und die Entwicklung des Menschen in Beziehungen. Junfermann Verlag – Paderborn.

Siegel, Daniel (2007). Das achtsame Gehirn. Arbor Verlag – Freiburg.

Spitzer, Manfred (2007). Lernen: Gehirnforschung und die Schule des Lebens. Spektrum Verlag – Heidelberg.

Wolf, Naomi (2013). Vagina. Eine Geschichte der Weiblichkeit. Rowohlt Verlag – Reinbek bei Hamburg.